매일 아침
말씀밥상

매일 아침
말씀 밥상

초판1쇄 인쇄 2018년 6월 4일
초판1쇄 발행 2018년 6월 8일

지은이 문용권
발행인 이왕재

펴낸곳 건강과 생명(www.healthlife.co.kr)
주   소 03082 서울시 종로구 대학로7길 7-4 1층
전   화 02-3673-3421~2 팩   스 02-3673-3423
이메일 healthlife@healthlife.co.kr
등   록 제 300-2008-58호

총   판 예영커뮤니케이션
전   화 02-766-7912 팩   스 02-766-8934

정   가 25,000원

ⓒ건강과 생명 2018
ISBN 978-89-86767-43-8 03230

'라온누리'는 도서출판 '건강과 생명'의 새로운 출판브랜드입니다.

날마다 영의 양식을 먹는 그리스도인

매일 아침
말씀밥상

Daily Bread of Life

문 용 권

Man shall not live by bread alone,
but by every word that proceedeth out of the
mouth of God.

✳ 책을 읽기 전에

　본서는 간증, 칼럼, 문학적인 글을 읽듯 한 번에 읽는 책이 아니다. 영적 성장을 위해, 성경 속에서 하나님의 뜻을 발견하고자 하는 경건의 삶을 위해 기도하고 묵상하면서 쓰여진 책이다.

　매일 아침 눈을 떠 세상과 마주하기 전에 관계된 성경을 먼저 읽고 기도하는 마음으로 본서와 더불어서 말씀을 묵상한다면, 필자의 경험 이상으로 영적인 은혜를 더 깊이 체험하리라 믿는다. 필자는 목회를 하면서부터 정년까지 모두 14권의 책을 세상에 내놓았는데, 대개가 강해 설교요 신학적인 문서들이요 신앙과 애국에 관한 것이었다. 그러나 본서는 새벽마다 매일 성경을 읽으면서 감동받았던 것을 나름대로 시로 정리한 것이다. 시문학적으로 맞지 않는 부분도 있을 것이다. 그럼에도 성경이 하나님의 감동으로 된 성령의 역사이듯 성령의 감동과 은혜와 체험 속에서 넘치는 감사의 마음을 담아 묵상 시집을 출판하게 되었다. 지금은 구약을 읽으면서 매일 말씀 밥상을 차리고 있는데, 그 속에서 나오는 진리의 영과 생수 같은 영감은 필자의 영적 생활과 생활 전반에 활력을 주고 있다.

문명의 덫에 걸려 신앙을 종교인 생활로 만족하는 심히 영적으로 고갈된 상태의 사람들을 많이 만나게 된다. 또 병원 사역(대학병원 병실에서 중환자와 암환자들과 상담과 기도 그리고 복음을 영접시키는 사역)을 하면서

겉으로는 믿음이 있는 것 같으나 불안과 두려움 때문에 고통당하는 환우들의 모습을 보게 되는데, 교회들이 다시 한 번 영적으로 일어나 각성해야 할 필요를 느낀다. 믿음은 하나님과 나 자신과의 관계에서 이루어지는 실상이다. 그렇기에 공동체 안에서 의타적인 신앙으로는 영적인 문제나 육신적인 문제를 해결할 수 없음을 목회하면서 더욱 절실히 느꼈었다.

〈매일 아침 말씀 밥상〉을 통해 독자 여러분의 침체된 영혼의 문제가 해결되고 주어진 세상에서 올바른 청지기로 싱싱하게 살아갈 수 있는 역사가 일어나길 기도한다.

이 책이 나올 수 있도록 격려해주신 분들 그리고 수고해주신 건강과 생명(라온누리) 이승훈 편집부장께 감사드린다.

2018년 5월 18일

한들의 골방에서 초원(草原) 문용권

✳ 목차

성전을 헐라 | 거듭나지 아니하면 | 그는 흥하여야 하겠고 나는
쇠하여야 하리라 | 네 남편을 불러오라 | 베데스다 | 유월절이 가
까운지라 | 하나님의 일 | 나를 믿는 자는 성경에 이름과 같이 |
나도 너를 정죄하지 아니하노니 | 하나님께 속한 자는 | 누구의
죄로 인함이니이까 | 나는 선한 목자라 | 이 병은 죽을 병이 아니
니라 | 한 알의 밀이 | 끝까지 사랑하시니라 | 너희는 마음에 근
심하지 말라 | 나는 참포도나무요 | 담대하라 내가 세상을 이기
었노라 | 때가 이르렀사오니 | 이르시되 내가 그니라 | 다 이루었
다 하시고 | 열려진 무덤 | 성령을 받으라 | 오직 이것을 기록함
은 | 디베랴 호수에서

복음을 위하여 | 복음에 빚진 자 | 진리를 막는 사람들 | 판단하
는 사람아 | 의인은 없나니 하나도 없으며 | 하나님의 한 의 | 성
경이 무엇을 말하느냐 | 의롭다 하심을 받았으니 | 그리스도 예
수 안에 있는 자 | 육신의 생각 영의 생각 | 하나님을 사랑하는 자
| 네 마음에 믿으면 | 접붙임이 되어 | 거룩한 산 제물로 드려라
| 내게 주신 은혜대로 | 사랑엔 거짓이 없나니 | 사랑의 빛 외에
는 아무 빛도 지지 말라 | 자기를 위하여 사는 자가 없고 자기를

위하여 죽는 자도 없도다 | 하나님의 나라는 | 너희도 서로 받으라 | 교회의 일꾼 | 하나님 우리 아버지의 뜻을 따라 | 내가 전한 복음은 | 사람이 의롭게 되는 것은 | 의인은 믿음으로 살리라 | 때가 차매 | 여종과 그 아들을 내쫓으라 | 성령을 따라 행하라 | 짐을 서로 지라

하나님의 뜻으로 | 신령한 복 | 그리스도 안에서 통일 | 교회는 그의 몸이니 | 허물과 죄로 | 그러므로 생각하라 | 은혜의 경륜 | 바울의 기도 | 부르심에 합당하게 | 새 사람을 입으라 | 사랑을 받는 자녀 | 세월을 아끼라 때가 악하니라 | 자녀들아 | 하나님의 전신갑주를 입으라 | 변함없이 | 그리스도의 심장으로 | 이 마음을 품으라 | 성령으로 봉사하며 | 푯대를 향하여 | 주 안에서 항상 기뻐하라 | 내게 능력 주시는 자 안에서

디아스포라 | 고난에도 뜻이 있다 | 의심 그리고 죄 | 감정의 은총 | 개천에서 용 난다 | 믿음은 액션이다 | 말 | 믿음의 지혜 | 헛된 정욕 | 두 마음 | 길이 참으라 | 믿음의 기도 | 산 소망 |

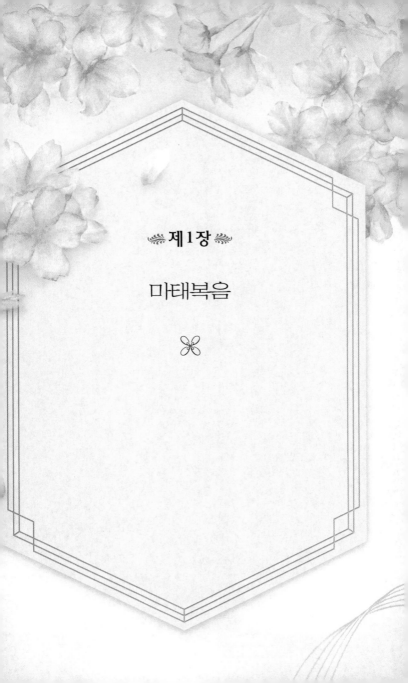

〰 제1장 〰

마태복음

1. 아브라함과 다윗의 자손 예수 그리스도의 계보라 _ 마태복음 1장 1절

아브라함

아브라함은
위대한
하나님의 비전
인류 구원을 위한
창세 전에 예비된
하나님의 작품
메소포타미아
불신의 소굴
우상의 소굴
멸망의 소굴
주권적 사랑
선택된 아브람
무명의 아브람

소명의 아브람
부르심 앞에
포기하는 아브람
고향의 향수
친척의 혈육
순종의 결단
미지의 세계
모험의 믿음
언약의 믿음
보여주는 아브람

하나님의 비전에
아브람이 아브라함으로
믿음의 조상으로
결단의 본으로
순종의 본으로
언약의 믿음으로
인내의 믿음으로
이삭의 웃음으로
희생의 순종으로

축복의 조상으로
만복을 누리고
야훼와 동행하고
비전의 출발이 되셨네

인류 구원 계획
죽음의 인생에서
영생의 계획
속죄의 계획
속량의 계획
에덴의 회복
비전은
유다 지파
다윗 자손
예수 그리스도
십자가
부활
승천
재림
천국

영생
영원 임마누엘
비전의 아브라함
이방인인
네가
아브라함의
복을 받으리라
아가페의 십자가로
이것이 복음이다
이것을 믿는 것이다
아브라함의 믿음이
이루어지이다

1. 아브라함과 다윗의 자손 예수 그리스도의 계보라 _ 마태복음 1장 1절

다윗

다윗은
복있는 사람
믿음의 사람
화평의 사람
지혜의 사람
지식의 사람
이스라엘의 왕
말씀을 가까이한 왕
평화로 다스린 왕
정직하게 살아간 왕
부요의 왕
존귀한 왕
역사에 길이 남는 왕

하나님의 마음에 합한 왕
이새의 막둥이
어린 목동으로
용감한 소년
겁없는 소년
골리앗에게
물매의 돌로
만군의 여호와의 이름을
보여준 믿음의 소년
담대한 믿음의 소년
승리를 가져온 소년
여호와를 세상에 보여주고
이스라엘을 구한 소년

다윗은 겸손했다
사울을 왕으로 모셨다
생명의 위험에도
관용으로 선의를 베풀고
의의 도를 지켰다
왕이 된 후에도

말씀에 순종하고
선지자에게 무릎을 꿇고
회개의 눈물로
하나님을 움직였다
마지막까지
말씀을 떠나지 아니하고
시편으로 찬양하였다

이스라엘은
메시아의 예표로
다윗을 기다리고 있다
그의 다스림이 다시 오기를
통곡의 벽에서 지금도
성전의 회복과
메시아를 기다리고 있다
그들은 아직도
구약의 메시아를 기도하고 있다
다윗의 후손으로오신
그리스도 메시아를
메시아가 그들에게

그리스도 예수로
오실 때
세상은 끝이 되고
그리스도는 약속대로
다시 오신다
그리스도가 이스라엘의
메시아로 오시기를 기도하자

1. 아브라함과 다윗의 자손 예수 그리스도의 계보라 _ 마태복음 1장 1절

예수 그리스도

예수 그리스도
하나님의 비전
하나님의 독생자
창조의 근본
보이지 않는
하나님의 형상
형상의 본체
성육신
영광과 존귀
만주의 주
메시아
길이요
진리요

생명이요
공의의 심판자
재림의 주님으로
에덴을 회복할
하나님의 비전이다

비천한 자리
죄인의 몸으로
비하의 고난
속죄의 제물
화목의 제물
십자가의 저주
막힌 담을 헐으시고
둘이 하나 되고
원수에서 자녀로
유업을 이을 자로
천국의 상속
하나님의 유업
새 하늘과 새 땅
때가 찼고

천국이 가까이 왔으니
회개하고 복음을 믿으라
이 복음은
모든 믿는 자에게
구원의 능력이라

오직 의인은
믿음으로 생명을 얻는다
주 예수를 믿으라
너와 네 집이 구원을 얻으리라
하나님의 비전이
너희 것이 되리라

✝ 오늘의 말씀 밥상

1. 아브라함과 다윗의 자손 예수 그리스도의 계보라 _ 마태복음 1장 1절

계보라

계보는 족보다
족보는 역사다
개인의 역사
사회의 역사
민족의 역사
세계의 역사
예수님의 계보는
인류 역사의 대표

역사는
인생의 출생
성장의 과정
공동체 과정

유익과 권리

자유와 평등

사랑과 행복

행복과 불행

전쟁과 평화

선행과 악함

진실과 거짓

현실과 미래

자신과 이웃

슬픔과 기쁨

만남과 이별

이 역사의 목적은

왜 살아야 하는가

하나님의 경륜과 섭리

예수 그리스도

참평화 자유

영원의 생명
섭리 속에
구원의 은총
유업으로 받을
새 하늘과 새 땅

역사는
나그네의 길
돌아갈 고향
세상의 여행
자연과 문명
맘대로 쓰고
마음껏 누리고
역사를 만들지만
풀의 꽃이요
마르는 풀잎
영원은 예수
예수 그리스도만이
참역사요
길이요

진리요

영생이다

계보

역사 자랑 하지 말라

아들이 있는 자는 생명이 있고

아들이 없는 자는 생명이 없고

결국은 예수 그리스도

역사의 비밀

하나님의 섭리이다

✝ 오늘의 말씀 밥상

17. 그런즉 모든 대 수가 아브라함부터 다윗까지 열네 대요 다윗
부터 바벨론으로 사로잡혀 갈 때까지 열네 대요 바벨론으로
사로잡혀 간 후부터 그리스도까지 열네 대더라 _ 마태복음 1장 17절

바벨론으로

바벨론은
역사의 슬픔
인생의 불행
불신의 세상
배역의 범죄
음행과 호색
문명과 문화
사치와 허영
파당과 분리
귀신의 처소
더러운 영들

가증한 새들
유혹의 영들
우상이 다스리는 곳
온 세상을
음행의 포도주를
쏟아부어 취하게 하고
음녀가 왕노릇하며
다스린다
타락한 교회들
여호야긴처럼
사슬에 끌려갔다
포로의 삶으로
우상 숭배
세상 친구
음행 쾌락
거짓 부패
방탕 방랑

음녀의 다스림으로
선민들을 억압하고
독주로 죽어가게 한다
바벨론 음녀의 문명
가증한 새들의 유혹으로
선민들이 바벨론 문명에
노예가 되었다
반드시 심판을 받는다
왕성한 바벨론 문명
끝이 없는
호모 사피엔스_ Homo Sapiens
매력을 느끼다가
끌려간 교회들
노아 때와 같이
동일한 말씀으로
불로 심판을 받는다
하늘이 날아가고
체질이 온통 불로 녹는다
옛 땅과 하늘과 바다도
다시 있지 않을 것이다

진리이신
하나님의 말씀
교회여
성도여
속히 나오라
힘을 다해 나오라
살기 위하여 나오라
음녀의 받을 심판
바벨론이 받을 재앙을
받지 않도록
지금 나는
어느 시대에 사는가
포로 시대는 아닌가
바벨론 문명의 맛에
즐겨하고 지상천국을 누리는가
예수님이 오신다
열네 대 열네 대
기다리신 주님
만왕의 왕으로
구원의 주님으로

세마포로 준비하자
파루시아의 신앙으로

23. 보라 처녀가 잉태하여 아들을 낳을 것이요 그의 이름은 임
    마누엘이라 하리라 하셨으니 이를 번역한즉 하나님이 우리
    와 함께 계시다 함이라 _ 마태복음 1장 23절

임마누엘

임마누엘
하나님의 비전이다
성육신의 목적이다
십자가의 목적이다
부활 승천의 결과이다
하나님이 우리와 함께 계신다
선지자의 예언대로
임마누엘을 위하여
인간의 몸을 통하여
비천한 모습으로
비천한 곳으로

마리아와 요셉
다윗의 자손으로
부정과 모혈이 아닌
성령으로 잉태하여
아기 예수로 오셨다
임마누엘의 시작으로
하나님의 뜻을 위하여
십자가에 죽기까지 순종
임마누엘을 이루시니
하늘과 땅의 모든 권세를
받으시니
만주의 주가 되시고
보혜사를 보내사
영원히 함께하시고
영원히 살아계시니
영원히 임마누엘이라
오순절
임재하셔서
성전 삼으시고
교회를 세우시고

늘 말씀하시고
구주가 되시고
늘 살아계셔서
내 맘에 계셔서
늘 인도하시고
늘 동행하시네
하나님의 자비
독생자의 인간
십자가의 속죄
거룩의 자녀로
의의 백성으로
천국의 후사로
임마누엘로
임마누엘로
영광이 되셨네 !!

1. 헤롯 왕 때에 예수께서 유대 베들레헴에서 나시매 동방으로
   부터 박사들이 예루살렘에 이르러 말하되 _ 마태복음 2장 1절

헤롯 왕 때에

세상은 때가 있다
만물이 때를 따라
존재의 가치를 만든다
날 때가 있다
자랄 때가 있다
꽃이 필 때가 있고
열매 맺을 때가 있고
거둘 때가 있고
시들고 죽을 때가 있다
경륜 속의
자연의 과정
변함없는

흐름의 시간 속에
생물은 주어진
때를 살아가는 것이
자연의 원리이다

인생은 때이다
어릴 때의 세계
청소년 때의 이상
끓는 피와 열정
사랑 가정 행복
아빠가 되었을 때
엄마가 되었을 때
성공했을 때
실패했을 때
때를 만드는 것이 역사다
헤롯은 왕이 되었을 때
음탕한 왕이었다

독재한 왕이었다
착취의 왕이었다
음란한 여인을 취하고
동생을 죽였다
세상은 무질서
타락과 방종
종교는 세상과 타협
권력의 시녀
선지자를 외면
외치는 메시지는
박해와 야유
헤롯 왕은
선지자의 목을 잘라
소반에 올리고
쾌락을 즐겼다
극도의 타락
절망의 시대였다

그때에
헤롯 왕 때에

베들레헴에서
예수가 나셨다
하늘에는 영광
땅에는 평화의 소식이
하늘에서 들려왔다
구원의 역사
하나님의 섭리
어두움 속에 작은 빛으로
비천한 곳에서
하늘에는 별빛으로
어두운 이 땅에
무지와 타락
멸망의 그늘

그때에
헤롯 왕 때에
예수가 나셨다
하늘의 별 빛으로
동방의 박사들
어둠을 헤치고

유대인의 왕을 찾아
헤롯에게로
소동이 난 예루살렘
그래도 별은
박사들을 인도
황금 유향 몰약 경배로
인류 희망을 선포했다
이것이
어둠 속에
아가페의 섭리이다
하나님의 비밀이다
헤롯 왕의 분노
남자 아기들을 살해
엄마들의 한맺힌 울음
어둠의 세력
사탄의 세상 타락
절망의 함정

하늘의 별을 보라
구원의 빛을 보라

포기 없는
구원 섭리는
지금도 변함없다
하늘을 보라
예수가 나셨다는
그 빛나는 별을 찾으라
인도를 받으라
네 인생의 때에

1. 그 때에 세례 요한이 이르러 유대 광야에서 전파하여 말하되

_ 마태복음 3장 1절

세례 요한

세례 요한
나실인
외치는 자
세례 주는 자
정의의 사도
약대 털옷
메뚜기와 석청
광야에 사는 자
처음 순교자
목베임을 받은 자
광야의 메시지
회개하라

천국이 가까이 왔다
회개의 세례 받으라
유다와 사방에서
많은 사람이 세례를 받다
바리새인 사두개인
종교 지도자들이
의문으로 찾아오다
독사의 자식들아
임박한 진노를 깨달으라
이미 도끼가 뿌리에 놓여있다
합당한 열매를 맺으라
열매 없는 나무 찍어버린다
아브라함의 자손
이 돌들도 될 수 있다
나는 물로 세례를 준다
그리스도는 성령과 불로
세례를 주신다

그 손에는
타작마당의
키를 가지셨다
알곡은 천국 창고
쭉정이는 꺼지지 않는 불에
광야의 외치는 소리
광야로 가자
세례를 받자
회개의 세례
열매가 있는가
외치는 자의 소리
회개에 합당한 열매
아브라함의 자손으로
믿음의 열매를 맺자
하나님께 드릴
모두에게 나눌
그날의 잔치를 위해
스스로 속지 마라
잎만 무성한
쭉정이 신앙

심판의 불 바라보라
알곡만 들어간다
밖에서 후회하고
탄식해도 심판의 불은
꺼지지 않는다
광야로 가자
광야의 소리를
들어야 산다
도시의 문화
아름다운 빌딩
경건의 의식
종교문화
다양성에
성장하는 교회
유명한 이름
사데교회
라오디게아교회
회칠한 무덤
살기 위하여
말씀을 위하여

선지자를 보기 위하여
광야로 가자
세례 요한이
외치는 소리
광야의 메시지
한국 교회여
광야 교회로 가라
성도여 광야로 가자
세례 요한이 있다

13. 이 때에 예수께서 갈릴리로부터 요단 강에 이르러 요한에
    게 세례를 받으려 하시니 _ 마태복음 3장 13절

세례

세례를 받으라
세례를 베풀라
성부 성자 성령 이름으로
예수를 그리스도로
하나님의 아들로
믿음으로 결단
그리스도인으로 결단
증거로 예표로
세례를 받는다
세례를 받아야
기독교인이다
세례는

거듭남이다
죽고 다시 사는 것
육의 사람이 영의 사람으로
세상의 사람이 하늘의 사람으로
죄의 사람이 의인으로
마귀의 종이 하나님의 자녀로
삶의 주체가 하나님으로
비전이 하나님
가치관의 변화
거듭남이
기독교의 시작
새생명의 시작
신앙 생활의 시작
영적인 세계로 들어간다

세례는
연합이다
성부 성자 성령
이름으로 하나되는 의식
그리스도의 이름으로 연합

함께 십자가의 죽음
땅 속에 장사
육의 사람
세상의 나
그리스도와 함께
새생명으로
다시 살아서
부활의 사람
부활의 영광
새로운 인생
새로운 비전
새로운 질서
그리스도와 함께
하나됨의 인생
네가 내 안에
내가 네 안에
세례의 역사
하나님의 자녀
내 사랑하는 자
내 기뻐하는 자라

세례의 은총
세례를 받으라
성령의 세례
거듭남의 세례
오순절의 세례
베드로에게 임한
바울에게 임한
죽고 사는 세례
능력의 세례
기적의 세례
땅끝까지
복음의 산 증인이 되라

교회여
세례를 받으라
광야의 세례
요단강의 세례
오순절의 세례
내가 받은 세례
어디 있는가

세례의 열매는
어디 있는가
왜
목이 마른가
기쁨이 없는가
소명이 없는가
역사가 없는가
세례를 받으라
요단강에서
성령이 임하는
하늘의 음성을 듣는
새로 태어나는

✝ 오늘의 말씀 밥상

1. 그 때에 예수께서 성령에게 이끌리어 마귀에게 시험을 받으러 광야로 가사 _ 마태복음 4장 1절

시험에 들지 말라

신앙에는
시험이 있다
연단으로
상급을 위해
정금을 찾기 위해
운명처럼
누구에게나
고난의 시련
문명의 유혹
재물의 유혹
쾌락의 유혹
명예의 유혹

권력의 유혹
에덴을 찾아왔던 시험
예수님을 찾아왔던 마귀
지금도 여전히 시험한다

시험에 들지 말라
돈에 약한 인간
부에 대한 욕심으로
채워지지 않는 욕심으로
화려한 명예의 애착
지지와 박수 소리에 손 들고
존경과 사랑의 화신이 되어
세상을 흔들고 싶은 유혹
권력의 세력에 매력
우상이 되어 버린 인간
꿈이라고 목표라고
목숨이라도 버리며

의라고 목숨을 걸고
싸우는 인생들
의의 투사가 된 것처럼
그 속에 야욕이 있는 것
영웅 대접의 욕망
헛되고 헛되고
풀의 꽃인 것을
깊어가는 가을의
단풍의 교훈을 받으라
허탄한 꿈에 속고
허무에 지쳐 시들고
썩어지고 없어질 것들에
속고 사는 불쌍한 인생

시험에 들지 마라
수시로 찾아오는
마귀의 계략과 유혹
선악과의 유혹이다
자신의 교만
욕심의 함정

정욕의 함정
명예의 함정
쾌락의 함정
공짜의 함정
이성의 함정
신뢰의 함정
이념의 함정
신념의 함정
성공의 함정
마귀의 유혹의 함정
후회와 탄식으로
허무하게 지쳐서
풀잎처럼 말라버리는 것을

시험에 들지 마라
사업의 실패
절망의 늪지대
배신의 아픔
예고없이 찾아온 질병
불안과 초조의 터널

자녀들의 문제
흩어지는 자녀
실망과 낙심
금이 가는 가정
깨질 수밖에 없는
가정의 환경
좌절 끝만 보이는 인생
시련의 시련
끝이 없는 마귀의 계략
믿음의 끈을 굳게
그리고 끝까지
반석에서 샘물이 터져
영원히 흐르는 그날까지
지금 나는
어느 덫에 걸려 있나

깨어서 기도하라
근신하라
우는 사자 같이
네 옆에 기회를

마귀의 눈을 의식하라
그날이
기까이 올수록
말씀을 잡으라
믿음에 굳게 서라
생명으로 싸워라

23. 예수께서 온 갈릴리에 두루 다니사 그들의 회당에서 가르
치시며 천국 복음을 전파하시며 백성 중의 모든 병과 모든
약한 것을 고치시니 _ 마태복음 4장 23절

갈릴리여

갈릴리 해변
게네사렛 호수
스불론 땅이여
흑암에 앉은 백성
빛이 비추도다
복음이 들려지다
어부 베드로
야고보 형제
나를 따르라
사람 낚는 어부 되리라
뜨거운 가슴

부친과 그물 버리고
따르던 갈릴리
복음의 시작

온 갈릴리에서 모여든 백성들
각색 병든 자들
귀신 들린 자들
모든 악한 것들
고치시고
천국을 전파하시고
모든 병을 고쳐주시고
복음을 가르치신
갈릴리 해변
스불론 땅
유다의 구석
초라한 해변에서
시작된 복음이

온 유다와 사마리아 땅끝까지
하나님의 섭리의 비밀
삼년 동안
제자들과
성령의 역사로
예루살렘 온 유다 사마리아
천국이 전파되고
예수의 소문이 퍼지고
각처에서 병든 자와
귀신 들린 자 고쳐주고
모든 악한 것을 고치고
죽은 자가 살아나고
하나님의 일을 하셨던
유대인의 메시아
평화의 왕으로
만왕의 왕으로
따르는 군중
손에 손에 종려나무 가지
예루살렘은
유대인의 왕

평화의 왕
만주의 주를
십자가에 죽었다
무덤에 장사지냈다
흩어진 제자들
믿음과 사랑과 열정은
산산이 무너졌다
슬픔에 싸여
무덤을 찾아온 여성도
부활의 주님을 만나다
제자들에게
갈릴리로 가라 하라
거기서 만나자
갈릴리에서 만나자
부활의 주님은
갈릴리에서 기다리신다
베드로를
야고보와 형제들을
흩어진 제자들을
문명의 권력

생존의 권력
불안과 실망
불신과 절망
흩어진 교회
믿음이 흩어지고
사랑이 식어지고
소망이 깨어지고
한 마리의 고기도 못 잡고
실패를 탄식하는 성도들
처음에 만났던 그 갈릴리
주님은 기다리신다
갈릴리로 가라 갈릴리
스불론 땅의 갈릴리여
흑암에 앉은 백성이여

🐟 오늘의 말씀 밥상

2. 입을 열어 가르쳐 이르시되
3. 심령이 가난한 자는 복이 있나니 천국이 그들의 것임이요

_ 마태복음 5장 2-3절

복이 있나니

복 있는 자
일시적이 아니고
없어질 것이 아니고
현재도 미래도 영원히
변함없는 복이어야 한다
이런 자는 복이 있나니
후회하지 않는 기쁨
감사가 쉬지 않는 행복
믿음의 꽃으로
믿음의 열매로
인생의 의미로

공동체 행복으로
하나님의 나라를
이루어가는 자
복이 있나니

심령을 비우고 천국을 소유한 자
애통 속에 영적 위로가 있는 자
온유와 사랑으로 천국을 만드는 자
마음이 청결하여 영의 눈이 떠진 자
박해 속에서도 천국을 바라보는 자
환경을 초월하는 자
문화를 거스리는 자
믿음의 모험이 있는 자는
생명이 있는 자요
이기는 자요
남는 자요
천국을 유업으로 받을 자요

복있는 자니
부름받은 자

말씀을 받은 자
믿음으로 순종하는 자
자신을 포기한 자
미래에 비전을 가진 자
인내로 만들어가는 자
영적인 가치를 발견한 자
얻기 위해 모험하는 자
선택받은 자
부르심을 받은 자는
복 있는 자니
천국을 소유하고
세상에서 살면서
천국을 영원히 누려라

13. 너희는 세상의 소금이니 소금이 만일 그 맛을 잃으면 무엇
    으로 짜게 하리요 후에는 아무 쓸 데 없어 다만 밖에 버려
    져 사람에게 밟힐 뿐이니라 _ 마태복음 5장 13절

너희는 세상의 소금이니

소금은 인간의 보배
소금은 인간의 역사
소금은 생명의 공존
생명은 소금과 함께
인간은 소금을 찾아
생존하면서
문화를 만들고
역사를 만들고
끊임없이 싸웠다
고대 역사에도
군인들에게 소금을

운동하는 이에게 소금을 주었다.
갈급한 육체에 소금은
새 힘의 근원이었다
인류 역사에 사피엔스_Sapiens 였다

소금은
생명 공존의 중요한 가치다
필요한 요소를 공급하고
존재의 가치를 공급하고
존재의 의미를 유지한다
부패되지 않게 하고
모든 것에 본 맛을 내고
먹는 즐거움과 함께
에너지의 원인이 된다
균형있는 생명으로 만든다

소금은

들어가면 녹는다
녹으면 맛이 나고
녹으면 부패되지 않고
녹으면 보전되고
물에 들어가면 물 맛
국에 들어가면 국 맛
고기에 들어가면 고기 맛
김치에 들어가면 김치 맛
들어가지 않는 데가 없다
그래서
하나님께 드리는 제물에
반드시 언약의 소금을
뿌리도록 하였다
언약의 소금이 없는 제물은
흠향하지 않으셨다

만일에
소금이 녹아서
맛을 내지 못하면
버려지게 된다

사람들에게 밟히게 된다
너희는 세상의 소금이다
가는 곳마다 맛이 난다
모두에게 희망과 꿈을 준다
새힘과 용기와 의지를 준다
사랑과 용서와 자비로
인생의 행복을 만든다
내가 녹는 희생과 헌신
땀과 눈물로 심는다
인내와 자비로 심는다
너희는 세상의 소금이다
있는 곳에서 언약의 소금이 되라

만일 맛을 잃으면
버려진다
사람들에게 밟힌다
교회가
성도가
성직자가
하나님이

쓸데 없는 교회
맛이 없는 교인
역사 없는 교회
변화가 없는 신자
죽지 않는 신앙
희생 없는 신앙
오늘의 교회
오늘의 신자
신앙의 본질로
말씀으로 돌아가자

14. 너희는 세상의 빛이라 산 위에 있는 동네가 숨겨지지 못할 것이요 _ 마태복음 5장 14절

너희는 세상의 빛이라

혼돈과 공허와 흑암
빛이 있으라
시작된 역사
창조의 역사
존재의 역사
생명의 역사
종류의 역사
정복의 역사
번성의 역사
빛의 존재로
생명의 시작이었다
빛으로

혼돈에 질서로
공허에 의미를
흑암에 희망을
생명의 내용을
자연의 아름다움
우주의 신비를
조화로 경륜을 통치하는
역사의 빛이다

빛이 있는 곳에
어둠이 물러가고
질서의 환경을
서로의 조화를
아름다움을 창조하는
빛의 생명이다
어둠이 사라지고
숨기운 것이 드러나고
아름다움의 조화
희망의 역사
창조의 역사

사랑의 역사
평화의 역사
문명의 역사
하나님의 빛으로 온다
너희는 생명의 빛이라
예수 그리스도의 빛이라

어둠이 물러나고
새 역사를 만들고
희망과 꿈으로
용기와 열정
십자가의 희생으로
생명을 주는
복음의 생명
축복의 번영
사랑과 평화
너희는 세상의 빛이라
빛이 없는 세상
여기저기 십자가의
네온은 빛나고

조명으로 화려한 무대
춤과 웃음의 즐거움
잔치의 즐거움
그러나
사람들은 여전히 어둡고
세상은 여전히 어둡다
빛이 없는 교회
빛이 없는 신자
어둠에 방황하는
길이 없는 세상
예수 그리스도의 빛
희생과 헌신의 빛
생명의 빛을 회복하자
너희는 세상의 빛이라

2. 그러므로 구제할 때에 외식하는 자가 사람에게서 영광을 받으려고 회당과 거리에서 하는 것 같이 너희 앞에 나팔을 불지 말라 진실로 너희에게 이르노니 그들은 자기 상을 이미 받았느니라 _ 마태복음 6장 2절

구제할 때에

구제할 때에
외식으로 보이려고
억지로 인색함으로
거짓으로 자랑으로
하지 말라
긍휼함으로
사랑함으로
감사함으로
나누는 마음으로
기쁜 마음으로

은밀하게
형제 사랑으로
베풀어라
세상에는
내 것이 없다
부여받은 은혜
나그네 인생
빈손으로 출발
빈손으로 가는 것
있을 때 나누는 지혜
아름다운 믿음의 씨
의로운 사랑의 씨
부메랑으로
천 배 만 배 돌아온다
흩어 많이 구제하여도
부하게 되거니와
구제는 기쁨이요
축복이요 행복이다
없다고 못하면
영원히 못한다

구제는 나누는 것
구제는 사랑의 실천
구제는 믿음의 행동
구제는 하나님께 드리는 것
구제는 향기로운 제사
구제가 없는 믿음
긍휼이 없는 믿음
사랑이 없는 믿음
거짓 믿음
죽은 믿음
복을 받지 못한다
구제를 통하여
사랑의 실천
행복한 믿음
축복받는 믿음
하늘의 상급 소망
하나님을 영화롭게
이 세상을 아름답게

5. 또 너희는 기도할 때에 외식하는 자와 같이 하지 말라 그들
은 사람에게 보이려고 회당과 큰 거리 어귀에 서서 기도하
기를 좋아하느니라 내가 진실로 너희에게 이르노니 그들은
자기 상을 이미 받았느니라 _ 마태복음 6장 5절

기도할 때에

기도할 때에
외식으로 하지 말라
형식으로 하지 말라
은밀하게 하라
중언부언하지 말라
이렇게 기도하라
하나님을 구하라
그의 나라를 구하라
그의 뜻을 구하라
일용할 양식을 구하라

시험에 들지 않게
죄의 유혹에 빠지지 않게
믿음을 구하라
사랑을 구하라
화평을 구하라
육신의 정욕을 버리고
세상적 욕망을 버리고
자신을 포기하고
기도를 생활로
자신의 십자가를 지고
믿음을 보이라
마음을 다하고
뜻을 다하고
힘을 다하고
목숨을 다하여
예수 그리스도의 이름으로
기도는 약속이다

자기 이름으로
기도는 믿음의 고백
불가능을 가능케하는
하나님의 능력
기도는 기적을
기도는 역사를
기도는 변화를
기도하라
구하는 대로
찾는 대로
두드리는 대로
최고의 응답으로
성령님으로 오신다
내주하셔서
내가 그 안에
하나님이 하신다
변화의 인생을
기적의 인생을
성공의 인생을
승리의 신앙을

기도하는 사람이
세상을 얻는다

25. 그러므로 내가 너희에게 이르노니 목숨을 위하여 무엇을 먹을까 무엇을 마실까 몸을 위하여 무엇을 입을까 염려하지 말라 목숨이 음식보다 중하지 아니하며 몸이 의복보다 중하지 아니하냐 _ 마태복음 6장 25절

염려하지 말라

염려하지 말라
염려는 불신앙
염려는 내 생각
염려는 내 욕심
염려는 어리석음
염려로 되는 것이 없다
머리카락 하나 희고 검게
할 수 없는 인간
염려로 인생을 축내지 말라
하나님의 하시는 일을 보라
춘풍과 함께 마른 나무에

연한 싹 눈 펼쳐지는 신비
무에서 새 역사를 창조하시는
하나님의 섭리
동물은 먹을 농사하지 않는다
태어나는 대로 생존의 원리대로
의식주를 걱정하지 않는다
철을 따라 살아가는 지혜
자연의 순리를 따라 산다
이 자연의 세계를 주신
하나님의 섭리를 믿으라
생명을 주신 하나님
생존의 원리대로 살라
너희는 이 모든 것보다
존귀한 자녀요
하나님을 대신한
자연의 주인이다
몸이 의복보다

생명이 음식보다
중요하니
의식주 때문에
인생을 소모하지 말라
비전을 바라보아라
나를 보내신 하나님의
작품의 인생
섭리의 인생
믿음의 인생
사랑의 인생
그려진 인생
기도하라
믿음으로
그 나라와
그 의를 위하여
아름다운 풍경
아름다운 꽃으로
풍성한 열매로
염려하지 말라
비전으로 살라

너를 향한 하나님을

믿음으로

믿음은 평안을

믿음은 자유를

믿음은 희망을

믿음은 사랑을

믿음의 행복을 누려라

1. **비판을 받지 아니하려거든 비판하지 말라** _ 마태복음 7장 1절

비판하지 말라

비판은 사단의 도구
비판은 불행의 시작
관계를 깨트리고
믿음을 깨트리고
사랑을 깨트리고
미래를 깨트리고
행복을 깨트리고
인격을 깨트리고
가장 비열한 사단의 전략
서로의 인격을 파괴시키는
인생을 파괴시키는
세상을 타락시키는
교회를 타락시키는

사단의 역사
불행의 연속
비판은 죄악이다
무서운 죄악이다
사탄의 죄악이다
외식의 죄악이다
문제는 인간은 죄로 느끼지 않는다
자연스런 자기 의사표현이라 한다
사탄의 도구이면서 당당하다
부끄러운 줄 모르고
의의 사도처럼 사명처럼
무지한 인간은 가책이 없다
비판으로 바쁜 인생
사탄의 종들이다
비판하는 그것이 정죄(롬 2:1)
모두를 불행하게 하는
가장 무서운 죄악이다

비판은
교만이다
미움이다
분쟁이다
자기무지
강퍅이다
어둠이다
파괴이다
살인이다
불신의 세상
분쟁의 세상
불행한 세상
무서운 죄악이다
비판은 무서운 죄악
면치 못하는 심판이다
비판은 부메랑
반드시 내게로 온다
천 배 만 배로 온다
탄식과 후회로
회복할 수 없는 불행

공의의 심판자는
하나님이시다
비판 판단은 도전이다
인간의 자리 이탈이다
심판 정죄를 면치 못하는
죄악이다
서로 비판하지 말라

13. 좁은 문으로 들어가라 멸망으로 인도하는 문은 크고 그 길
    이 넓어 그리로 들어가는 자가 많고
14. 생명으로 인도하는 문은 좁고 길이 협착하여 찾는 자가 적
    음이라 _ 마태복음 7장 13-14절

좁은 문으로 들어가라

좁은 문은 외롭다
좁은 문은 좁은 길
협착하고 힘들다
희생하고 헌신하고
세상을 포기해야 하고
엎드려야 하고
희망이 없고
손해 보고
비방과 비웃음
누구도 가지 않으려는
좁은 문 가시밭길

개척해야 하는 길
싸우는 길
위험한 길
배척의 길
고난의 길
아무도 가지 않는 길
넓은 문은 즐겁다
많은 사람이 있다
넓은 문 넓은 길
평탄하고 넓은 길
모이는 길
희망의 길
비전의 꿈
성공의 길
부요의 꿈
축복의 길
자축의 길

세계의 길
맨하탄의 길
샹글리제의 길
웃음으로 가는 길
서로 다투며 가는 길
가고 싶어하는 길
자연스럽게 가는 길
사람들이 기다리는 문이다

넓은 문의 꿈
다투는 발걸음
즐거움의 길
평탄한 길
자연의 길
쉽게 가는 길
대로의 즐거움
실패의 길이요
절망의 길이요
사망의 길이요
영원히 불행한 길

좁은 문으로 들어가라
좁은 길로 가라
아무도 가지 않는 길
힘들고 어려운 길
외로운 길
믿음의 길
진리의 길
희생의 길
섬김의 길
사랑의 길
반대의 길
생명의 문이다
생명의 길이다
믿음에 길이다
진리의 길이다
1912년 엘리자베스 쉐핑
간호 선교사 조선에 파송
서서평으로 개명
미국의 문명 벗고
무명의 치마저고리

검정 고무신

보리밥 된장국

조선의 영혼을 위해

하루 5전의 삶으로

동화된 조선인

외롭고 힘든 길

서양 귀신 핍박

눈물의 생애

고아와 쫓겨난 여성들

고난을 나누다간 서서평

그가 떠난 뒤 침대 밑에

성공이 아니라 섬김이다

성공적 신앙의 서서평이 그립다

좁은 문으로 들어가라

생명의 길이다

최고의 인생길이요

승리의 길이요

진리의 길이다

8. 백부장이 대답하여 이르되 주여 내 집에 들어오심을 나는 감
   당하지 못하겠사오니 다만 말씀으로만 하옵소서 그러면 내
   하인이 낫겠사옵나이다 _ 마태복음 8장 8절

말씀으로만

태초에 말씀이 계시니라
이 말씀이 하나님과 함께 계셨고
말씀은 곧 하나님이시라(요 1:1)
말씀이 생명이다
창조의 근본이요
진리요 길이다
역사요 기적이요
자연의 경륜이다
이 말씀이 육신이 되어 오셨으니
곧 그리스도 예수라
기독교는 말씀의 신앙이다

말씀대로 믿고 순종하면
하나님이 나타나신다
백부장은 말씀을 아는 믿음
말씀이면 된다
이것이 믿음이다
말씀은 언약이다
약속으로 주셨다
믿는대로 이루어진다
말씀이면 된다
말씀은 지식이 아니다
믿음으로 알아지고
믿음으로 체험한다

하나님 말씀으로
생명으로 믿는 자에게
믿는대로 연출하시고
알게 하시고
경험하게 하시고
신비를 주신다
다만 말씀으로만

이 믿음이 믿음이다
보이는 것은 보이지 않는
믿음의 실상이다
말씀을 믿으라
생활로 보이라
성경은 기록된 말씀
주야로 묵상하여
순종으로 심어서
약속의 열매를
풍성히 받으라

말씀으로만
역사하시는
하나님의 기적
백부장의 믿음
믿음의 기초를
생활의 기초를
소망의 기초를
말씀에 두라
다만 말씀으로만

이것이 믿음이다
말씀대로
이루어진다
약속은 믿는 자에게
믿는대로 성취된다

1. 예수께서 배에 오르사 건너가 본 동네에 이르시니
2. 침상에 누운 중풍병자를 사람들이 데리고 오거늘 예수께서 그들의 믿음을 보시고 중풍병자에게 이르시되 작은 자야 안심하라 네 죄 사함을 받았느니라 _ 마태복음 9장 1~2절

믿음을 보시고

하나님은
우리의 믿음을 보신다
믿음은 관계이다
믿음은 아는 것이다
믿음은 절대이다
믿음은 장애물이 없다
믿음은 환경을 초월한다
믿음은 세상을 포기한다
생명을 건 모험이다
타협없는 외길이다
보화를 발견한 농부

미련한 투자이다
믿음은 하나님을 아는 기쁨
그 믿음을 보신다
믿음이 역사를 만든다
하나님이 일하신다
하나님이 뜻을 이루신다
십자가의 은총은
믿는 자를 위하여
예비된 섭리이다
네 죄사함을 받았다
네 믿음이 너를 구원하였다
네 믿음대로 되라
믿음대로 주신다
마음으로 믿고
입으로 증거하고
행동하라

믿음의 기적으로
현실을 이기고
환난을 이기고

정상의 기쁨
성공의 기쁨
구원의 영광
하나님을 경험하는
영생의 기쁨을 누리리라
내가 올 때에 믿는 자를 보겠다
언제나 믿는 자를 찾으신다
환경을 초월하는 믿음
시험을 이기는 믿음
옷에만 손을 대어도
부르기만 해도
행동하는 믿음
하나님을 아는 믿음이다

지금 교회는
어떤 믿음을 가르치는가
우리가 말하는 믿음은 무엇인가
주님이 보시는 믿음
우리의 생애에서
무엇을 포기했는가

네 자신에게 믿음이 있는가
네게 나타난 기적은 무엇인가
어떻게 하나님을 경험했는가
잘못된 믿음은
잘못된 생각을
잘못된 행동을
의식적 믿음에
종교적 행사로
스스로 만족하고 산다
주님이 보시는 믿음
기뻐하시는 믿음
하나님을 경험하는
믿음으로
믿음의 행복을 누려라

1. 예수께서 그의 열두 제자를 부르사 더러운 귀신을 쫓아내며 모든 병과 모든 약한 것을 고치는 권능을 주시니라
2. 열두 사도의 이름은 이러하니 베드로라 하는 시몬을 비롯하여 그의 형제 안드레와 세베대의 아들 야고보와 그의 형제 요한,
3. 빌립과 바돌로매, 도마와 세리 마태, 알패오의 아들 야고보와 다대오,
4. 가나나인 시몬 및 가룟 유다 곧 예수를 판 자라

_ 마태복음 10장 1~4절

제자로 사도로

제자로 부름받았다
제자는 배우는 자
제자는 따르는 자
예수 그리스도를
말씀을 배우고
생활을 배우고
하나님을 배우고
전수받고 닮아가고

열두 제자는
삼 년 동안 훈련받았다

사도는 보냄을 받은 자
사도는 대신한 자다
소명으로
특사로
말씀의
권위가 있다
권세가 있다
능력이 있다
의무가 있다
흔적이 있다
예수님을 대신한
사도를 영접하는 것은
예수님을 영접하는 것
불신은 예수를 불신
스스로 심판을 받는다

제자로 부름받은 열둘

이제 사도로
이스라엘
잃어버린 양에게로
복음의 소명을 받고
보냄을 받은 자
모든 약한 것을
고치고
병든 자를
고쳐주고
귀신을 쫓아내고
하나님 나라를 전파하고
자유와 평화를 선포하고
증인이 되라
유다에서
사마리아에서
땅끝까지

오순절 성령세례로
사도로 세워진 제자들
보내지는 곳에

사도의 역사가
예수의 이름으로
펼쳐지기 시작
세상을 이기고
박해의 칼을 이기고
죽음을 이기고
복음이 전파되고
하나님 나라가 세워졌다
예수님을 대신하여

제자로 부름받은 우리
사도로 보냄을 받았다
제자 공부하는 교회
사도의 직무는 언제
때가 가까이 왔다
보냄을 받은 곳에
사도로
대신한 자로
권세와 능력
복음의 역사

십자가 사역
역사와 기적
변화의 세상
사도의 소명
교회는 언제까지
미루고 있을 것인가

가라 세상으로
복음을 가지고
잃어버린 양에게로
고쳐주고
귀신을 쫓아내고
사랑의 능력으로
거저 받았으니
거저 주라
가는 곳마다
생명이 살아나고
번성하게 되고
자유와 평화가
강물처럼 흐르고

어둠이 사라지고
빛으로 충만한
세상을 만드는
사도들이 되라

4. 예수께서 대답하여 이르시되 너희가 가서 듣고 보는 것을 요한에게 알리되 _ 마태복음 11장 4절

듣고 보는 것을 말하라

듣는 것 보는 것

생각이 바뀌고

행동이 바뀌고

생활이 바뀌고

언어가 바뀌고

운명이 바뀌고

매일 보고 듣는 속에 산다

보고 듣는 것이 인생이다

우리는 무엇을 보고 듣는가

사람은 보고 듣는 것을 말한다

부는 바람에서

맑고 높은 청아한 하늘

단풍으로 수놓은 자연
낙엽이 떨어져가는 나무
너는 무엇을 듣고 보는가
하나님의 독생자
예수 그리스도에게서
나는 무엇을 듣고 보고 있는가
너희는 가서 듣고 보는 것을 말하라
보고 듣는 것이 내 믿음이다
내 귀에 내 눈에
맹인이 보며
문둥이가 깨끗해지며
앉은뱅이가 걸으며
눌린 자에게 자유를
가난한 자에게 복음을
죽은 자를 살리고
절망의 세상에 희망을
보았는가 들었는가
본 대로 들은 대로
가서 말하라
불행의 구름

절망의 그늘
불안의 바람
수고하고
무거운 짐
사망으로
운명처럼
인생을 사는 자들에게
보고 들은 것을 말하라
우리는 보고 들은 것이 있는가
말하지 못하는 신앙
네 눈이
네 귀가
영으로
믿음으로
열려져라
기적을 보라
진리를 듣고
생명을 보라
듣고 보는 것을 말하라
무거운 짐진 자들에게

수고의 멍에를 맨 자들에게
네가 보고 듣는 것이
네 믿음이다
네 믿음을 말하라
불안과 두려움의 세상에

✝ 오늘의 말씀 밥상

1. 그 때에 예수께서 안식일에 밀밭 사이로 가실새 제자들이 시
   장하여 이삭을 잘라 먹으니 _ 마태복음 12장 1절

안식일

안식일은 쉬는 날
사람의 두뇌는 두 가지란다
하나는 일하는 뇌
하나는 충전하는 뇌
그냥 쉬는 것은 충전이
안 된다는 것
안식은 하나님의 영광과
아름다움을 즐기는 것이다
안식은 충전이다
안식은 즐거움이다
하나님의 기쁨이다
축복의 날이다

그래서
안식은 즐거움
그래서 사람을 위한 것
안식의 축복
안식의 충전
최고의 인생을 만드는
하나님의 명령이다
안식일은 멍에가 아니다
유대인의 안식일
법이 된 교회
의무와 충성
섬김과 헌신
충실한 의식
피곤한 주일
안식이 되는 주일은 언제
안식은 교리가 아니다
안식은 신앙이다
안식은 사랑이다
즐거움으로 지키면
인생의 행복

최고의 축복
최고의 정상
안식의 은혜
창조의 기쁨
미래의 세계
성산에서의 기쁨을
새 하늘과 새 땅에서
시온산에서의 노래
예루살렘의 영광을
즐기는 안식을 누려라
수고의 짐
염려의 짐
불안의 짐
두려움의 짐
안식으로 충전
창조의 삶으로
인생의 문명을
행복으로 누려라
거룩한 날이라
성일이라

경건함으로
누리게 되면
약속대로
위에 있을 것이고
세상을 누리면서
세상을 정복하고
마음껏 누리리라
안식일은
인간을 위한
하나님의 날
복된 날로 지키라
안식의 은총을 소유하라

3. 예수께서 비유로 여러 가지를 그들에게 말씀하여 이르시되
   씨를 뿌리는 자가 뿌리러 나가서 _ 마태복음 13장 3절

비유 Parable

비유는
사랑과 긍휼이다
무지한 인생을 위한
선지자들을 통하여서
때때로 주셨던 사랑이다
변함없는 긍휼은
예수님을 통하여
무지한 인생을 깨우친다
비유는
깨닫기 어려운 비밀
영적인 신비의 세계
천국의 영광의 신비

진리에 숨겨진 보화
복음의 숨겨진 사랑
사랑에 숨겨진 섭리
일상적인 생활 이야기로
풀어주는 교훈이다
씨 뿌리는 이야기
알곡과 쭉정이
가라지의 이야기
포도나무와 농부
포도나무와 가지
목자와 양
돌아온 탕자
하나님의 아가페의 열정
아가페의 설명
구원과 심판의 설명
하나님의 나라의 비밀

비유는
무지한 인생을 위한
사랑의 방법

비유를 배우라
비유를 믿으라
비유로 살아라
비유의 은총을
내것으로 삼아라
이것이 믿음이요
신비의 체험이요
축복의 주인이다
구원의 믿음이다
아~~
신비한 사랑
아가페의 사랑
비유를 믿음으로
주인공이 되고
하나님의 신비와
구원의 섭리가
나에게
가정에
교회에 이루어지라
비유를 배우라

비유를 믿으라
비유의 비밀이
이루어지게 하라
네 인생의 신앙에!!!

1. 그 때에 분봉 왕 헤롯이 예수의 소문을 듣고
2. 그 신하들에게 이르되 이는 세례 요한이라 그가 죽은 자 가운데서 살아났으니 그러므로 이런 능력이 그 속에서 역사하는도다 하더라 _ 마태복음 14장 1-2절

헤롯이

사람마다 이름이 있다
사람마다 자리가 있다
가정에서
교회에서
사회에서
아빠 엄마 자녀
목사 장로 집사
사장 국장 과장
아름다운 자리
아름다운 이름
빛나는 자리

빛나는 이름
네 이름이
네 인생의 가치다
가치는 명예이다
헤롯은 왕이다
권력을 가진 자리
부요를 가진 자리
명예를 가진 자리
잘못 사용하여
음탕에 빠져서
음란한 헤로디아를
뺏고 동생을 죽인 자
선지자의 머리를
소반에 담아
여자에게 바친 자
악한 왕으로
음탕한 왕으로
헤롯의 이름이
불리고 있다
이름은 곧 그 사람

우리에게도 이름이 있다
우리에게 이름이 있다
우리에게 자리가 있다
빛나는 자리
빛나는 이름
경건한 자리
경건한 이름
가정에서
교회에서
사회에서
선한 의무
의의 헌신
사명 정신
네 이름을 아름답게
네 이름을 빛나게
인간에게 덕으로
만들어가라
이름은 죽어도 남는다
헤롯의 이름을 보라
부끄러운 이름

불행한 이름
이름은 남는다
자리를 빛내라
희생과 헌신으로
없어지는 인생
썩어지는 자리
한 번의 인생
나그네 인생
최선을 다하여
자리를 빛내라
네 이름을 위하여

15. 저녁이 되매 제자들이 나아와 이르되 이 곳은 빈 들이요 때
    도 이미 저물었으니 무리를 보내어 마을에 들어가 먹을 것
    을 사 먹게 하소서
16. 예수께서 이르시되 갈 것 없다 너희가 먹을 것을 주라

_ 마태복음 14장 15-16절

너희가 주라

인생은 고난의 연속
인생은 문제의 연속
자연과 환경의 문제
공동체 관계의 문제
광야의 빈들이다
굶주린 백성들
어떻게 식사를
방법이 부재다
믿음의 시험대
사랑의 시험대

주님의 명령은
너희가 먹이라
너희가 주어라
빈들에 굶주린 백성들
난감한 처지의 제자들
난관을 만났을 때
문제가 생겼을 때
돌아서가는 사람
되돌아가는 사람
주님은 네가 하라
너희가 해결하라
너희가 감당하라
이것이 신앙이다
모험적 신앙
기적의 신앙
역사의 신앙
빈들의 기적을 만들라
너희가 주라
네게 있는 것으로
믿음을

사랑을

희생을

자비를

헌신을

용서를

긍휼을

아낌없이

기적이 일어난다

물고기 두 마리

보리떡 다섯개

기적의 사람

역사를 만드는

사회의 공헌을

너희 믿음으로 만들라

한국 교회여

빈들에 광야에

굶주린 백성들

갈급한 영혼들

방황하는 인생들

희망을 주라

복음을 주라
지식을 주라
양식을 주라
사랑을 주라
행복을 주라
주여 !!
우리에게
믿음을 주소서
눈을 열어주소서
긍휼의 가슴을
눈물의 기도를
탓하지 말고
우리가 주게 하소서
기적을 만들게 하소서
오병이어의

1. 그때에 바리새인과 서기관들이 예루살렘으로부터 예수께 나
   아와 이르되
2. 당신의 제자들이 어찌하여 장로들의 전통을 범하나이까 떡
   먹을 때에 손을 씻지 아니하나이다 _ 마태복음 15장 1-2절

전통

전통은

오래된 관습

올바른 전통

신앙적 전통

생활의 전통

인간이 공동체에서

지켜오던 관례

유대인은

신앙처럼

율법처럼

교육하고

지배했다
전통은
말씀이 아니다
믿음이 아니다
계명이 아니다
인간의 산물
외식의 형식
가면의 신앙
진실의 외면
교만의 상징
내면의 불신앙
말씀에 합리화
믿음의 거짓을
손을 씻는 것
발을 씻는 것
옷을 입는 것
음식 먹는 것
걸음 걷는 것
생명과
말씀과

구원과
인격과
거리가 먼
가증한 형식
하나님이 없는
불신앙의 모습이다

한국 교회여
전통에서 벗어나라
교리에서 벗어나라
규칙에서 벗어나라
교단에서 벗어나라
직분에서 벗어나라
공명심을 버려라
하나님을 갈망하라
공의와 진실을
인애와 긍휼을
겸손과 섬김을
내면의 사랑을
입술의 자갈을

축복의 언어를
말씀을 사모하라
경외함으로 순종하라
전통을 자랑하지 말라
가슴을 뜨겁게 하라
눈물의 기도를 하라
진실의 사랑을 회복하라
성령의 열매로
모두를 행복하게 하라
전통의 노예가 되지 말라

28. 이에 예수께서 대답하여 이르시되 여자여 네 믿음이 크도
    다 네 소원대로 되리라 하시니 그 때로부터 그의 딸이 나
    으니라 _ 마태복음 15장 28절

소원대로 되는 믿음

믿음은 바라는 것들의 실상
보지 못하는 것들의 증거(히11:1)
믿음은 하나님을 아는 것
무소 부재의
전지 전능의
아가페의
깊으신 뜻을
거룩의 비밀
삼위일체를
예정의 신비를
그래서
믿음은 행동을

믿음은 인생을
믿음은 운명을
바꾸는 기적이다
가나 여인의 믿음
믿음은 소원의 시작
행동하는 믿음
한 번의 기회
귀를 막은 믿음
장벽이 없는 믿음
지혜의 믿음
지식의 믿음
초월한 믿음
합격한 믿음
생명의 믿음
겸손의 믿음
네 믿음이 크도다
네 소원대로 되라

문제의 세상
문제의 인생

문제의 교회
운명처럼
아픔을 숨기고
가증의 웃음으로
거짓을 외치는 교회
가나 여인의 통곡을
피해가는 교회
부스러기라도
줄 수 없는 불행
교회여 성도여
믿음을 회복하라

장벽이 없는 믿음
나아가는 믿음
그냥의 믿음
설명이 없는 믿음
주 예수 그리스도를
만나는 믿음
말씀을 기다리는
부스러기의 믿음

교만을 버려라
외식을 버려라
형식을 버려라
하나님을 알라
그리고 나오라
가나 여인 처럼
소원대로 되리라
네 믿음이 크도다

4. 악하고 음란한 세대가 표적을 구하나 요나의 표적 밖에는 보
   여 줄 표적이 없느니라 하시고 그들을 떠나 가시니라

_ 마태복음 16장 4절

표적을 구하나

악하고 패역한 시대
불신과 타락의 시대
음란과 방탕의 시대
교만과 불순의 시대
자기를 못보는 시대
진실을 가장한 시대
표적을 구하는 시대
이론과 변론의 시대
하늘의 표적을 보이라
복음의 표적을 보이라
진리의 표적을 보이라
영적인 표적을 보이라

불신의 변명
패역에 변명
거짓의 변명
표적을 보이라
기적을 보이라
보이는 것으로
문제를 잡으려는 불신
보이는 것을 찾게 하는
사탄의 전략

보이는 것은 진실이 아니다
표적을 구하는 시대에
요나의 표적을 보라
보고도 알고도
불신을 조장하는
사탄의 계략
보이는 것
나타난 것
흔들리는
뿌리 없는

세상적 신앙
육신적 믿음
표적의 유혹에 빠지지 말라
형식주의
전통주의
외식주의
자기교만
오염되고 도취되고 중독된
현실주의 합리화 정당화
속삭이는 사탄의 소리

요나의 표적을 보라
불신앙의 세상을
구원하시는 사랑을
세상은 유식하나
하나님은 무지한
율법의 종교인들
보고도 깨닫지 못하는
소경된 바리새인들
이 시대에 표적을 보이라

표적을 찾아헤매는
교회의 비전계획
오개년 성장계획
모이는 군중의 매력
웅장한 예배당 비전
목회의 꿈
목회의 평가
요나의 표적을 보라
시대는 분별하며
하나님의 뜻을
분별 못하는 교회여
요나의 표적을 보라
성육신의 표적
십자가의 표적을 보라
보이는 나타나는
표적의 유혹을 물리쳐라

15. 이르시되 너희는 나를 누구라 하느냐 _ 마태복음 16장 15절

너희는 나를 누구라 하느냐

예수 그리스도
이 사람이 누구이기에
바람도 바다도 순종하는가
귀신이 쫓겨나가고
중풍병자가 자리를 들고
정상인으로 걸어가고
문둥이가 깨끗해지고
앉은뱅이가 일어나고
소경이 눈을 뜨고
눌린 자에게 자유를
죄인들의 친구가 되고
죄인들을 속죄하여 주고
만나는 사람마다

복음이 전파되고
구원이 선포되고
삭개오 변화되고
가정이 구원받고
지극히 높으신
하나님의 독생자로
세상을 구원하는
인간의 메시아
선포된 지식이다
많은 사람이
문제를 안고
소망을 가지고
만나고자 한다
사는 길이라고
이루어주시는 분
오늘 우리에게도
동일하게 계시는 분
그래서 베드로는
고백을 하였다
주는 그리스도요

살아계신 하나님의 아들이시니이다
그것은 성령님의 증언이었다
하늘에서 온 것이었다
그래서 참된 증언이다
너희는 나를 누구라 하느냐
생각이 아니고
지식이 아니고
관념이 아니고
종교가 아니고
증언이 아니고
행위가 아니고
우리가 아니고
나에게
예수는 누구신가
오늘
예수는 누구신가
나에게
가정에
교회에
길로

진리로
메시아로
생명으로
존재하는가
예배로
헌신으로
경건으로
의식으로
행동으로
보이려는
예수
십자가 탑
문명의 성전
천상의 찬양
행사의 예수
예루살렘 성전에
예수님은 없었다
현대 교회의
예수는 누구신가
복 주시는 분

구원을 주시는 분
비전을 이루시는 분
꿈을 이루시는 예수
오늘 우리는
예수는 누구신가
닭 울음소리가
베드로에게
들려온다
그렇게 입으로 증언하던 예수
예수는 누구신가
탄식이 아니라
통곡으로 돌아가서
골고다를 찾자
십자가를 지자
영원한 생명이
아들 안에 있다
예수 안에
없는 자는
생명이 없다
지금 예수는 누구신가

✝ 오늘의 말씀 밥상

2. 그들 앞에서 변형되사 그 얼굴이 해 같이 빛나며 옷이 빛과 같이 희어졌더라
3. 그 때에 모세와 엘리야가 예수와 더불어 말하는 것이 그들에게 보이거늘 _ 마태복음 17장 2-3절

변형 되사

변화 변형
기독교의 특성이다
복음은 변화이다
거듭남 중생
생각의 변화
행동의 변화
언어의 변화
생활의 변화
이상의 변화
가치관
세계관

인생관
변화는 변형된
모습의 삶을 가져온다
성경은 변화를 요구한다
세대를 본받지 말고
네 몸을 거룩한
산 제사로 드려라
영적인 예배로
온전한 예배가 되게 하라
변화산의 변형은
천국의 모습이었다
모세 엘리야 주님
빛나는 모습에
놀라움 두려움
신앙의 꿈이요
가야 할 천국이다
변화를 받으라

복음을 믿으라
말씀을 믿으라
성령을 받으라
변화를 보이라
네 빛을 보이라
때가 되면
변형된 모습의 주님
만왕의 왕으로
심판의 주님으로
재림하신다
나팔소리와 함께
천사들과 함께
그 때에
죽은 자들은 산 자로
살아있는 자는 변화로
어린양의 혼인잔치
초대된다
신앙은 변화요 변형이다
변화된 자들이 변형되어
들림 받아 공중에서

주와 함께 있으리라
신앙으로 변화를 받으라
마지막 나팔에 변화로
주님과 함께 영광에 들어가리라
세속화된 교회
인본주의 신앙
변화를 받으라
세대를 본받지 말고
하나님의 온전하신
뜻을 분별하라
변형된 천국을
사모하는 신앙으로

✝ 오늘의 말씀 밥상

3. 이르시되 진실로 너희에게 이르노니 너희가 돌이켜 어린 아이
   들과 같이 되지 아니하면 결단코 천국에 들어가지 못하리라
4. 그러므로 누구든지 이 어린 아이와 같이 자기를 낮추는 사람
   이 천국에서 큰 자니라 _ 마태복음 18장 3-4절

어린아이들처럼

믿음은 내려놓는 것
믿음은 잊어버리는 것
믿음은 자기를
감정과 소유도
슬픔도 웃음도
어린아이처럼
피부까지 고운
천사같은 마음
감정 소유
울음 웃음
아장 아장

엄마품으로 달려간다
어린아이처럼 되라
천국을 위하여
신앙의 기본이다
왜
오늘 교회는 싸우는가
무엇 때문에 깨지는가
교회 안에 원수
반목 질시
아수라장
어른들의
욕심 교만
미래 계산
주장 혈기
폭력 폭행
결코 교회는 아니다
천국은 아니다

어린아이처럼
되는 것이 신앙
머리를 비우라
마음을 비우라
미래를 비우라
천국의 마음
아이의 마음
엄마의 품에
평안의 행복
천국의 내용
신앙의 본질
어린아이처럼 되지 아니하면
천국에 들어가지 못한다
신앙의 목적
천국의 영광
내재의 성령
평화의 행복
어른된 교회
어른된 신앙
욕심의 정욕

자기의 만족
타락의 본질
잊어버린 천국
가득찬 욕심은
신앙의 실패
천국상실
대로의 길로
만족의 길로
지옥으로 가는
자기를 망각하는
고집의 불행
교만의 불행을
마귀의 자식들
교회는 끌려가며
희희낙락 결과를 못보고
아 ~~
교회여
신자여
어린아이같이
바보의 길을 가라

천국은 어디 있나
하늘에 있나
교회에 있나
예배에 있나
성찬에 있나
천국은 이미 사라졌다
이기적인 인간의 집단
어른들의 사고에는 없다
어린아이처럼
깨끗한 마음이
네 안에서 천국이
천국에서 큰 자
세상에서 작은 자
어린아이처럼 되라
천국을 위하여
네 인생의 행복을 위하여

21. 그 때에 베드로가 나아와 이르되 주여 형제가 내게 죄를 범하면 몇 번이나 용서하여 주리이까 일곱 번까지 하오리이까

_ 마태복음 18장 21절

몇 번이나 용서하리이까

사랑은 용서하는 것
믿음은 사랑하는 것
사랑이 없는 믿음
생명이 없는 믿음
영혼이 없는 육체
용서가 없는 사랑
긍휼이 없는 사랑
이해가 없는 사랑
거짓 위선 불신 교만
사탄의 앞잡이
분쟁 시기 질투 갈등
교회를 깨트리고

신앙을 깨트리고
인생을 깨트리고
불행을 자초하는
돌이킬 수 없는 무지이다

사랑은 용서하는 것
믿음은 용서하는 것
얼마나 용서하는가
일곱 번 하오리이까
주님의 사랑의 방법
일곱 번을 일흔 번까지
용서는 끝이 없는 것
끝없는 용서의 사랑
끝없이 사랑을 받고
그 안에서 살아가는 우리
용서와 이해의 사랑으로
믿음을 실천하며 살라
긍휼의 사랑으로 살라

십자가의 사랑

하나님의 자비
아가페의 예정
너는 이해 하는가
너는 믿고 있는가
사랑은 빚이다
사랑은 의무다

용서를 하라
이해를 하라
일곱번 아니
끝없이 하라
진전한 용서는
덮어 주는것
잃어버리는 것
기억하지 않는 것
진정한 용서는
미움의 사슬에서
해방의 기쁨을
사랑의 행복을
믿음의 사랑을

누리며 사는 길
용서하라
끝까지
십자가의 사랑
빚진 자의 의무
내 권한이 아닌
속죄 받는 조건
구원 받는 조건
사랑하라
용서하라
끝없이 덮어주라
잊어버려라
너의 신앙과 행복을 위하여

5. 말씀하시기를 그러므로 사람이 그 부모를 떠나서 아내에게
   합하여 그 둘이 한 몸이 될지니라 하신 것을 읽지 못하였느냐
6. 그런즉 이제 둘이 아니요 한 몸이니 그러므로 하나님이 짝지
   어 주신 것을 사람이 나누지 못할지니라 하시니

_ 마태복음 19장 5-6절

이제 둘이 아니요 한 몸이라

부부는 한 몸이다
부모를 떠나야 한다
고향을 떠나야 한다
자신을 떠나야 한다
하나의 사랑을 위하여
하나의 가정을 위하여
독립된 하나를 위하여
부부는 짝이 된 하나다
나누면 깨진다
부부는 하나다

부부는 한 몸
나눌 수 없는
부부는 가정이다
새로운 인생이다
평생을 같이한다
사랑을 만드는 곳
행복을 만드는 곳
서로를 맡기는 것
한 몸이 되기 위해
자녀는 선물이다
하나된 축복이다

가정은 하나님의 창조의 원리
원리를 떠나면 불행의 인생
나누는 것은
인생의 실패
신앙의 실패
부부를 성공하라
사랑을 성공하라
가정을 세워가라

신앙의 성공이다
인생의 성공이다
금이 간 부부는
금이 간 인생을
깨어진 부부는
깨어진 신앙을
깨어진 인생을
최고의 불행이다
나누지 말라
임의로 나누는 것은
이기적이요
교만이요
불신앙이요
큰 죄악이요
큰 아픔이요
하나님을 거역하는 것
아내를 내 몸처럼
사랑하라 귀히 여겨라
보호하라 연약한 그릇
만족하라 네 아내로

남편을 존경하라
몸의 머리처럼 순종하라
최고의 사랑을 받으라
부부의 행복을 만들라
생육하고 번성하라
부부는 하나다
사랑으로
신앙으로
하나의 꽃을
하나의 열매
가정의 행복
우리의 의무
하나님이 주신 행복을 위하여

20. 그 청년이 이르되 이 모든 것을 내가 지키었사온대 아직도 무엇이 부족하니이까 _ 마태복음 19장 20절

아직도 무엇이 부족한가

신앙은 열심이 아니다
신앙은 선행이 아니다
계명은 신앙이 아니다
종교적 의식이 아니다
종교적 경건이 아니다
이것이 평안을 주지 않는다
구원의 생명을 주지 않는다
구원의 확신을 주지 않는다
어떻게 해야 구원이 되는가
열심의 신앙
종교적 열심
율법의 순종

열심의 기도
선의의 봉사
왜 기쁨이 없는가
왜 확신이 없는가
왜 소망이 없는가
아직도 무엇이 부족한가
신앙은 비우는 것
마음을 비우는 것
욕심을 버리는 것
네게 있는 것을 다 팔아라
필요한 사람에게 주라
무엇이 있기에
근면과 성실
내가 한 수고
나누어주라
비우라 가벼웁게
그리고 따르라
그리하면
보화로 채우신다
가지고 있으면

걱정 근심
불안 고민
교만 위세
세상 유혹
육신 쾌락
공중 권세
욕심 증가
물질의 노예
육신의 노예
죄악의 노예
위선의 신앙
형식의 종교
인생은 풀이요
영광은 풀의 꽃
꽃은 떨어지고
풀은 시들고 마르고
실로 인생은 풀이로다
비우라
마음을
생각을

말씀으로
믿음으로
성령으로
충만하라
하늘의 보화로 만족하라
네 하나님으로 충만하라
영원의 생명을 기뻐하라

1. 천국은 마치 품꾼을 얻어 포도원에 들여보내려고 이른 아침
   에 나간 집 주인과 같으니 _ 마태복음 20장 1절

포도원에 들어가라

포도원은 교회이다
길거리에서
시장터에서
일을 못 찾아
방황하는 자
부르심을 받아
모여온 농장
일꾼의 일터
처음 온 사람
늦게 온 사람
일하는 농장
천국은 내 뜻이 아니다

주권적 은혜의 역사
믿음도 주권적 역사
수고의 대가도 주권
포도원 주인도 주님
할 일이 있다
포도원에 들어가라
있는 자리에서
최선을 다하라
포도원은 신앙
이탈하면 죄악
시장터
세상 길거리
방황하는 자
마귀 유혹에
끌려 가면서
미래가 없이 사는
인생들아
들어가라
포도원 농장으로
포도원의 보상은

네 인생의 행운이요
일찍오나 나중오나
동일하게 영생 천국
공의로운 사랑이요
공평하신 예정이요
하나님의 신비의 섭리이다

포도원은 교회
극상품을 심은
아름다운 열매
풍성하게 맺으라
주인의 기쁨이 되고
모두에게 행복이 되라
천국은 누구에게나
동일한 은혜
방황하지 말고
포도원에 들어가라
열심히 일하여
풍성한 열매를 거두라
동일하게 주실 구원의 은총

낙오자가 되지 않도록
포도원에서 일하라
충성스럽게 나를 위하여

22. 예수께서 대답하여 이르시되 너희는 너희가 구하는 것을
    알지 못하는도다 내가 마시려는 잔을 너희가 마실 수 있느
    냐 그들이 말하되 할 수 있나이다 _ 마태복음 20장 22절

내 잔을 마셔라

고난이 없는 성공
십자가 없는 부활
명예와 권력 부요
인간의 희망 매력
사탄의 유혹 수단
쉽게 얻으려는 인간의 근성
예수님을 따르는 목적인가
예루살렘과 거리가 먼 제자들
신앙의 목적이 무엇인가
내 잔을 마실 수 있느냐
환상의 포도주
기쁨의 포도주

잔치의 포도주
성공의 포도주
세상의 포도주
그러나
주님의 포도주
우리가 마셔야 할 잔
고난의 잔
저주와 멸시와
쓰디쓴 고통의
죽음의 십자가
그래
너희가 마실 것이다
네 의지와는 달리
기쁨으로 감격으로
눈물로 찬송하면서
이것을 소망하는 것이
신앙이다 믿음이다
십자가의 잔을 아신 주님
진정한 포도주의 세계를
우리에게 주시기 위하여

너희가 내 잔을 마셔라
예루살렘을 가면서도
잔을 가지고 갈등하는
교회 공동체 아픈 모습
무엇을 위한 다툼인가
부끄러운 제자들
내 잔을 마셔야 하리라
꿈과 이상을 바꾸라
베풂과 나눔의 꿈으로
십자가의 잔으로
세상을 구원하는
천국을 세워가는
증인의 교회로 흩어져라
내 잔을 마셔라
포도주의 기쁨을
체험하라 맛을 보라
너희가 내 잔을 마실 수 있느냐
한스런 주님의 음성은
지금도 여전히 들려온다
네 잔이 아니라

내 잔을 마셔라
너희가 과연 내 잔을 마시리라

9. 앞에서 가고 뒤에서 따르는 무리가 소리 높여 이르되 호산나 다윗의 자손이여 찬송하리로다 주의 이름으로 오시는 이여 가장 높은 곳에서 호산나 하더라 _ 마태복음 21장 9절

호산나 호산나

예수님은 평화의 왕으로
만왕의 왕으로
하나님의 아들로
메시아로
생명의 빛으로
오신 예수님
호산나 호산나
소동으로 놀란
예루살렘
왜
이들은 호산나를 외쳤나
날이 지나면 호산나가

배신의 십자가로
못 박으소서 못 박으소서
외쳐대는 무리들
호산나 호산나
이제 우리를 구원하소서
지금 우리를 구원하소서
구원의 주님으로
소경의 눈을 뜨고
눌린 자에게 자유를
앉은뱅이가 걸으며
가난한 자에게 복음을
은혜의 빛을 세상에
호산나의 주님으로
세상은 길이 열리고
우리에게는 생명을
호산나를 외쳐라
믿음으로 믿음으로
나에게 호산나
우리에게 호산나
민족에게 호산나가 되도록

세상에 소동을 일으키라
호산나의 믿음을 가지고
이름은 있으나 죽은 교회
물질의 유혹에 빠진 교회
문명의 매력에 빠진 교회
모양은 있는데 능력은 없는 교회
호산나를 외쳐야 한다
소동을 일으키자
교회를 정결케하라
채찍을 휘둘러라
외식의 가면을
정욕의 내용을
경건의 모양을
교만의 불신을
호산나를 외치자
눈물로 기도하자
오늘의 교회여
예루살렘 군중
호산나를 알라
벗어버린 겉옷

손에 잡은 종려나무 가지
소동을 일으키라
십자가에서 외쳐라
두려워말고 외쳐라
끊임없이 외쳐라
호산나의 믿음으로
호산나를 외쳐라

2. 천국은 마치 자기 아들을 위하여 혼인 잔치를 베푼 어떤 임
　금과 같으니 _ 마태복음 22장 2절

천국은 혼인잔치

혼인잔치
인생의 대사
만남의 기쁨
사랑의 행복
혼인의 잔치
새로운 인생
최고의 잔치
혼인은 새로운 세계이다
천국은 혼인잔치
아들의 혼인잔치
어린양 혼인잔치
아가페사랑 예정

십자가 피로 맺은
언약의 사랑 만남
영원한 사랑의 완성
잔치로 기쁨을 나누는
영원한 혼인잔치
모든 것이 준비된 잔치
살진 소와 맛있는 음식
새 예루살렘 거룩한 성
초청받은 자
사업차 외국으로
시험 준비로
결혼의 즐거움으로
은혜를 모르는 거절
마을로 시장으로
사거리 골목길로
초청받은 이방인
복되도다
임금의 즐거움
잔치의 즐거움
혼인의 잔치의 영광

예복을 입혀주심
영원의 잔치여라
교회는 잔치하는 곳
말씀의 잔치
은혜의 잔치
사랑의 잔치
누구나 부르심으로
준비된 예복을 입으라
하늘 잔치
영생으로
어린양과
영광에 이르기 위해
교회여
잔치하라
지친 영혼들을 위하여
풍성한 잔치
희망의 잔치
나눔의 잔치
어린양의 혼인잔치를 위하여

38. 이것이 크고 첫째 되는 계명이요 _ 마태복음 22장 38절

크고 첫째되는 계명

신앙은 관계이다
믿음의 관계
사랑의 관계
순종의 관계
하나님에 대한 지식
처음과 나중
창조의 근본
조물주 우주
믿음의 지식
사랑의 하나님
아가페의 사랑
보여주신 사랑
성육신

십자가(롬 5:8)

사랑은 상대적일 때
사랑이 사랑이 된다
크고 첫째되는 계명
하나님을 사랑하라
마음을 다하라
힘을 다하라
뜻을 다하라
목숨을 다하라
첫째면 된다
첫째가 사랑이다
첫째가 아닌 것은
자기를 위한 종교다
신앙은 최고의 가치다
밭에 감추인 보화이다
인생의 전부를 포기하라
목숨을 바쳐라 기쁨으로

이 사랑이 신앙이다
이 사랑이 아가페의 완성이다
신앙의 생활을
첫 계명으로
목숨을 건 사랑
죽음을 이긴다
환경을 이긴다
세상을 정복한다
기적을 연출한다
신앙의 액션에 목숨을 걸라
기적의 신앙을 위하여
보리라 경험을 하리라
성령의 임재를 보리라
신앙은
마음을 다하고
힘을 다하고
뜻을 다하고
목숨을 바쳐서
사랑하는 것이다
자신을 확인하라

내 신앙을
내 인생의 가치를
내 인생의 목표를
아직도 내가 기준인가

27. 화 있을진저 외식하는 서기관들과 바리새인들이여 회칠한
    무덤 같으니 겉으로는 아름답게 보이나 그 안에는 죽은 사
    람의 뼈와 모든 더러운 것이 가득하도다 _ 마태복음 23장 27절

회칠한 무덤

회칠한 무덤
가장 불행한 단어다
외식하는 신앙
형식주의 신앙
생명 없는 믿음
행함 없는 믿음
내용 없는 신앙
이중 인격 인간
거짓 불신 교만
화 있을진저 저주받을 인생
화려한 이름
경건의 모양

성직의 명예
십자가 없는 교회
십자가 없는 신앙
이름만 있는 경건
속에는 거짓 교만
더러운 정욕 탐욕
음란과 호색 방탕
이생의 자랑 안목
오늘 교회의 모습 아닌가
오늘 자신의 모습 아닌가
화 있을진저
오늘의 종교인들
거룩의 이름으로
예수의 이름으로
명예의 수단으로
안목의 수단으로
정욕의 수단으로

자기를 채워가는
현대판 바리새인
현대판 종교인들
현대판 회칠한 무덤
가증한 종교의 신앙
심판을 잊어버린 교회
심판을 잊어버린 신앙
화 있을진저 !!
믿음은 깨닫는 것
회개로 결단하는 것
결단을 실천하는 것
이름을 소중한 가치로
믿음에 생명을 거는 것
믿음을 실상으로
예배를 실상으로
인생을 믿음으로
성령의 감동으로
사랑의 실천으로
믿음의 희생으로
복음을 생활 속에

덕으로 선전하며
거룩한 산 예배로
하나님의 온전하신 뜻을
이루어가는 신앙
열매로 나누는 믿음
오늘 내 신앙 내 믿음
오~ 주여 !
회칠한 무덤
회개하는 신앙
십자가의 보혈
긍휼의 풍성한 사랑
자비와 은총으로
살려주소서
회개하는 영으로
충만하게 충만하게
거듭남 주옵소서

2. 대답하여 이르시되 너희가 이 모든 것을 보지 못하느냐 내
가 진실로 너희에게 이르노니 돌 하나도 돌 위에 남지 않고
다 무너뜨려지리라 _ 마태복음 24장 2절

이 모든 것을 보지 못하느냐

보이는 것
보이지 않는 것
모든 것을 볼 수 있는 눈
눈은 몸의 등불
눈은 마음의 등불
눈은 미래의 등불
눈은 지혜의 등불
눈은 영혼의 등불
이 모든 것을 보느냐
웅장한 건물
화려한 장식
수많은 군중

당당한 권력
화려한 명예
열렬한 박수
신나는 인기
풍성한 재물
즐기는 향락
성공의 개가
반드시 돌 위에 돌 하나도
남지 않고 무너지는 그날
그들의 비참한 운명의 날
너는 볼 수 있는가
무너뜨려지리라
돌 하나도 돌 위에 남지 않고
쌓아 놓은 성 안에
위선과 거짓
권모와 술수
욕심과 탐욕

명예와 착취

부정과 부패

시기와 질투

음란과 호색

너는 모든 것을 보라

반드시 임할 심판

심판의 과정 결과

불행한 종말 상태

풀무불 마른 나무

흔적도 없이 사라질 것을

보이는 것은

우리가 주목하는 것이 아니다

믿음은 보이는 것에서

보이지 않는 것

현재와 미래

거짓과 진실

믿음의 안목

영적인 안목

지혜의 안목

우리가 보아야 하는 것

무너져가는 성전을 보라
심판으로 끝나는 성전을 보라
역사는 종말이 있다
역사는 심판이 있다
이 모든 것이 무너지는
성전을 쌓는 인생들
너희는
보이는 것으로 살지 말라
보이지 않는 믿음을 주목하라
미래를 보라
종말을 보라
오늘의 믿음을 위하여
믿음의 승리를 위하여
인생의 행복을 위하여

30. 그 때에 인자의 징조가 하늘에서 보이겠고 그 때에 땅의 모
    든 족속들이 통곡하며 그들이 인자가 구름을 타고 능력과
    큰 영광으로 오는 것을 보리라 _ 마태복음 24장 30절

그 때에

그 때는 반드시 있다
그 날은 반드시 있다
역사와 문화
인간의 생명
세상의 존재
종말의 날
끝나는 때
시작이 있으면
마지막이 있다
유한의 세상이기에
생존한 인간이다
때가 되면 반드시 끝이 난다

그 때를 아는 것이 지혜이다
그 때가 되면
타락된 종교
거짓 선지자
사랑이 식어지고
갈등과 분열로
극심한 이기주의
가증한 것이 거룩한 곳에
불법과 거짓이 왕노릇하고
자연의 변화
이변의 지구 형태
불안과 두려움
난리와 난리
사랑이 식어지고
미움과 원망
서로 죽이고
가책이 없는 인간

가면과 위선의 탈
무신론의 이념과
이데올로기
충견들의 난동
일월성신의 이변
지혜 있는 자는 깨달을진저
그 때에
재림의 징조가 보이고
구름을 타고 큰 나팔소리와
주 예수의 재림이 하늘에서
모든 민족이 보리라
번개가 동에서 서쪽까지
통곡하며 탄식하리니
심판의 주님으로
구원의 주님으로
보좌에 앉으심이라
그 때에 그 날에
그 날과 그 때는
하나님의 비밀
하늘의 천사도

인간에게도

무화과나무의 비유를 배우라

성도의 지혜가 여기 있다

깨어라 그 날과 그 때를 모름이라

준비된 믿음 사모하는 믿음

파루시아의 믿음으로

오늘을 사는 자에게

그 때와 그 날은

복이 되리라 마라나타 !!

✝ 오늘의 말씀 밥상

6. 밤중에 소리가 나되 보라 신랑이로다 맞으러 나오라 하매

_ 마태복음 25장 6절

보라 신랑이로다

기독교인은
기다리는 사람들이다
믿음의 기다림
사랑의 기다림
인생의 목적도
인생의 방법도
인생의 내용도
희망과 꿈속에
기쁨과 감사로
고난과 시련도
인내로 바라며
천사장의 소리와

하나님의 나팔로
하늘로서 오시는
우리 신랑 예수님
사모하며 기다리는
믿음이 기독교이다
이천년을 기다리고
지금도 기다리고
앞으로도 기다리고
반드시 오실 예수님
등불 들고 기다린다
지치고 피곤하고
육신이 잠들고
영혼이 잠들고
기다림을 상실한 채
세상의 잠 문명의 잠
어둠은 깊어가고
감각 없이 생각 없이

깊은 잠에 빠져 있네
갑자기 보라 신랑이로다
자다가 놀란 신부들이여
너희의 등불 밝혀 들어라
너희의 등불 들고 나가라
교회여 성도여
밤이 깊었으니
깨어서 등불 준비하라
기름 없는 등불
준비 없는 신앙
행함 없는 믿음
헌신 없는 믿음
역사 없는 믿음
사랑 없는 믿음
생명 없는 믿음
기다림이 없는 불신앙
종교적인 의식 형식에
스스로 속는 바리새인들
문이 닫힌 후에
후회와 탄식소리

밖에서 어두운 데서
펼쳐질 불행을 기억하라
교회여 성도여
너희 등불 점검하라
때가 오기 전에
나팔소리 가까이 들려온다
너의 믿음이
기다림의 믿음으로
행함으로
사랑으로
순종으로
네 믿음을 준비하라
때가 가까우니라

21. 그 주인이 이르되 잘하였도다 착하고 충성된 종아 네가 적
    은 일에 충성하였으매 내가 많은 것을 네게 맡기리니 네 주
    인의 즐거움에 참여할지어다 하고 _ 마태복음 25장 21절

착하고 충성된 종

신앙은 소명에서 출발한다
소명은 하나님의 예정이다
예정이 부르심의 비전이다
비전은 아가페의 내용이다
아가페의 희생은
성령님의 임재로
성전된 교회의 시작이다
교회는 거룩한 공동체다
소명의 비전이 부여된다
교회는 그리스도의 몸으로
비전을 이루기 위한 지체이다

반드시 필요한 지체들이다
지체는 몸을 위한 사역자다
신앙은 교회를 위한 사역이다
지체는 있는 자리
자기가 하는 일에
생명을 걸고 한다
어떠한 위치에도
소중한 책임으로
생명과 직결하여
묵묵히 충성한다
지체는 생명이다
그리스도의 몸으로 교회
일하기 위하여 존재하는 지체
작은 것이나 큰 것이나
생명을 위하여
존재를 위하여
주어진 사명을

충실히 일한다
부르심은 일하기 위함이다
재능대로 주어진 자리에서
부르심은 종으로
부르심은 청지기로
청렴하게 성실하게
주인을 위한
사명을 위한
자기를 위한
충실한 일꾼
착하고 충성된 종이다
종은 종이다
지체는 귀천이 없다
동일한 생명이다
지체가 병들면 몸이 병든다
작은 일에 충성이 건강이다
맡은 일에 충성이 건강이다
말이 없는 지체가 충성이다
네가 하는 일이 무엇인가
내 중심이 아닌 몸을 위하여

존재를 인정하는 종이
착하고 충성스런 종이다
나의 신앙은
부르심에 비전을 이루는가
그 비전을 위하여 종이 되었는가
교회를 세워가는 어떤 지체인가
반드시 결산하는 때에
어떤 평가가 있을까
청지기로
종으로
주인의 신임과
즐거움에 참여할 수 있을까

32. 모든 민족을 그 앞에 모으고 각각 구분하기를 목자가 양과
    염소를 구분하는 것 같이 하여
33. 양은 그 오른편에 염소는 왼편에 두리라 _ 마태복음 25장 32~33절

오른편에 왼편에

신앙 생활에도
오른편이 있고
왼편이 있다
사랑으로
인내로 겸손으로
순종과 충성으로
책임과 열심으로
긍휼과 섬김으로
모든것 믿음으로
언제나 주님편에
언제나 교회중심

언제나 화평으로
리더에 순종으로
범사에 바보처럼
비판과 판단에도
말없이 기도하며
묵묵히 따라가는
무능한 양들처럼
당하기만 하는 바보 바보
불의를 못참고
정의에 불타는
헌법과 규칙과
원칙과 전통을
믿음의 생활을
잣대로 잣대로
비판과 판단으로
교회를 세워가는
중요한 가치처럼

사명감으로 앞서가며
이론에 헌법에 능숙하여
성도들을 훈수하며
바르게 인도하려는
이론가 정의의 사도
은혜보다 원칙을
가르쳐야 한다고
내가 있어야
된다고 믿는 자
나는 어느 쪽에 가까운가
죽도록 교회 위하여
바르게 하기 위하여
고민하며 노력하고
바쁘게 봉사하며
고치려고 노력했는데
기쁨이 없다
평화가 없다
감사가 없다
만족이 없다
바보같은 신자들

말없이 순종만 하는
판단도 못하고
알지도 못하고
무식하게 따라가는
무식한 바보들
당하기만 하는 어리석은 자
그 날에
오른편으로
왼편으로
내가 가는 길은
내 믿음의 생활
스스로 속지 말라
내가 옳다고
모르는 바보가 되라
가는 대로 가는 바보
잘될 것으로 믿는 바보
반드시 주님은 오신다
너는 어느 편에 설 것인가

2. 너희가 아는 바와 같이 이틀이 지나면 유월절이라 인자가
   십자가에 못 박히기 위하여 팔리리라 하시더라

_ 마태복음 26장 2절

유월절 잔치

유월절은
잔치하는 절기
기념하는 잔치
감사하는 잔치
기뻐하는 잔치
양을 잡는 잔치
피뿌리는 잔치
음식먹는 잔치
평생하는 잔치
해방의 기쁨을
자유의 기쁨을
홍해의 기쁨을

잔치로 기념하는 절기
어린양을 잡고
고기를 먹으며
무교병 먹으며
가나안 정복을
대대로 지키고
명절로 정하여
후손에 대대로
지켜야 하는 절기
유월절의 양으로 오신 예수님
문지방의 피를 마음에 뿌리고
십자가로 증거를 삼으시고
죄와 사망에서
영원히 해방과 자유의 선포
이방인이 아브라함의 복을
약속의 성령으로
자녀 삼으시고

의인으로 천국 시민
하나님의 후사로 세우신
아가페를 기념하라
일생을 영원히
유대인처럼
권모 술수 모의
시기 질투 배신
미움 살인
사슬에서 벗어나서
십자가를 기념하라
유월절을 지키라
너와 네 자녀를 위하여
평생을 잔치하라
영혼의 평화를 위하여

32. 그러나 내가 살아난 후에 너희보다 먼저 갈릴리로 가리라

_ 마태복음 26장 32절

갈릴리로 가리라

처음 은혜 받았을 때
내게 믿음이 왔을 때
내게 말씀이 왔을 때
내게 사랑이 왔을 때
감사와 감격
눈물과 기쁨
새로운 결단
과거의 청산
불붙는 가슴
소명의 결단
펼쳐지는 새로운 세상
변화로 변화로

갈릴리바다
처음 예수님을 만난 제자들
눈이 밝아져 변화된 제자들
바다를 버리고
배와 그물 버리고
사람낚는 어부로
소명을 다 하겠다고
목숨을 걸고 따랐다
예수님을 보며 배우며
제자로 살아간 3년간
믿음을 보며 배우며
희망으로 열정으로
그러나
십자가 앞에서
흩어지는 제자들
실망과 낙심으로
불안과 두려움으로
주님은 그들에게
갈릴리로 가리라
오늘의 교회

오늘의 신자
교회 생활
져야 할 십자가
생존 경쟁의 고통
식어져 가는 신앙
잃어버린 열정
기쁨이 없고
은혜가 없고
감사가 없고
의식적 종교적 신앙으로
타락해버린 우리에게
부활의 주님으로
갈릴리로 가리라
갈릴리로 가리라
잃어버린 갈릴리로
이제
다시 갈릴리로 가자
처음 만난 그 때
그 갈릴리로 !

41. 시험에 들지 않게 깨어 기도하라 마음에는 원이로되 육신이 약하도다 하시고 _ 마태복음 26장 41절

시험에 들지 않게

신앙은 영적 전쟁이다
우는 사자같이 두루 다니며
에덴에 찾아왔던 사탄이
끊임없이 오늘도 찾아온다
기회를 찾고
약점을 찾고
감정을 이용
오감을 이용
상황을 이용
끊임없이 유혹한다
한 번만 먹으면
God처럼

God이 된다
시험에 들지 않게 하라
문화의 바다 속에
함께 더불어
디지털 문화
편리에 익숙
풍부에 익숙
편함에 익숙
즐기는 문화
쾌락에 익숙
불륜에 자랑
무디어진 거룩
가책없는 믿음
극심한 이기주의
불평과 불만으로
미움과 시기로
당을 짓고 분쟁으로

교회 공동체를 깨트리는
사탄의 앞잡이
자기도 모르는 사이에
끊임없이 시험받는 신앙
자신의 생각 속에
눈과 귀로 스며드는
오만과 불신
불평과 불만
물질의 유혹
음행의 유혹
명예의 유혹
편리의 유혹
선악과 유혹
시험에 들지 말라
한 시간도 나와 함께
있지 못하느냐
마음은 원이로되
육신이 약하도다
시험을 이기는 자는
약속대로 생명의 면류관을 얻으리라

힘겨운 싸움으로
신앙을 지키는 성도여
자신을 이겨라
환경을 이겨라
정욕을 버려라
감정을 이겨라
겟세마네의 주님
땀방울이 핏방울 되는
꿇어 엎드린 주님
십자를 향한 주님
주님을 바라보라
잠에서 깨어나라
마음은 원이로되
육신이 약하도다
음성을 듣는 성도여
깨어나 시험에 들지 않게
기도의 땀을 핏방울을 흘려라

74. 그가 저주하며 맹세하여 이르되 나는 그 사람을 알지 못하
   노라 하니 곧 닭이 울더라 _ 마태복음 26장 74절

곧 닭이 울더라

신앙은 결단이다
신앙은 고백이다
생명의 고백이다
자신의 포기이다
죽으면 죽으리다
나의 신앙
너의 신앙
우리 신앙
인간의 어리석음
은혜가 아닌 감정
입으로 고백하는
주님은 아신다

우리의 감정을
오늘 밤 닭울기 전에
세 번을 부인하리라
그래서 위하여 기도하신다
멀리 따라가는 신앙
마음은 원이로되 연약한 믿음
불안과 두려움 이기지 못하여
기회주의자로 숨기는 신앙
자기를 위하여
생명을 위하여
상황에 따라서
감정에 따라서
즉흥적 감정이
표출된 불신앙
상황을 못이긴
부지 중 외치다보니
곧 닭이 울더라

연약한 인간
자신을 모르는 인간
감정으로 사는 인간
입으로 고백하는 신앙
세상의 꿈을 위한 신앙
보이기 위한 열정
마음에 생활에 고백이 없는
종교적 열정에 신앙
미래를 모르는 신앙
이제 닭의 울음소리가
들리는가
닭의 울음소리가
생각이 나는가
주님의 말씀이
통곡하는 믿음이 되라

오늘의 말씀 밥상

3. 그 때에 예수를 판 유다가 그의 정죄됨을 보고 스스로 뉘우
쳐 그 은 삼십을 대제사장들과 장로들에게 도로 갖다 주며

_ 마태복음 27장 3절

은 삼십을

사람은 무엇으로 사는가
가룟 유다는
은 삼십에
도덕도 윤리도
감사도 은혜도
불신과 배신으로
얻었으나 얻지 못하고
은 삼십에
버림받고 스스로 멸망했다
욕심이 잉태한즉 죄를 낳고
죄가 장성한즉 사망을 낳는다
사람은 무엇으로 사는가

톨스토이 노년의 인생고백서

가난한 구두장이 세몬

벌거숭이로 교회 앞에서

추위에 죽어가는 불쌍한 마하일

만남과 함께 직업으로의 생활

깨달음으로 발견하는 인생 세 가지

인생의 내부에는 무엇이 있는가

인생에게 허락되지 않은 것은 무엇인가

사람은 무엇으로 사는가

깨달았을 때 마하일은 빛이 나며

하늘로 올라간다

물질이냐 권력이냐

혈육이냐 감정이냐

사회환경 조직제도

내일을 모르는 인간

죽음의 천사가 뒤에 있는 것을

모르고 평생 구두를 맞추는 인생

인생은 무엇인가

인생은 무엇으로 사는가

본질의 사랑이 삶이다

이 사랑에 하나님이 함께 하신다
인생은 무엇으로 사는가
은 삼십으로 사는 인생
멸망의 증거로 남는 것은
피의 밭 무덤의 돌
오고 가는 사람들
던져가며 만드는
나그네의 무덤들
은 삼십의 인생이 되지 말라
진리와 함께 고난을 받으라

17. 그들이 모였을 때에 빌라도가 물어 이르되 너희는 내가 누구를 너희에게 놓아 주기를 원하느냐 바라바냐 그리스도라 하는 예수냐 하니 _ 마태복음 27장 17절

바라바냐 예수냐

바라바냐 그리스도 예수냐
바라바를 주소서 바라바를
손에 손에 종려나무 가지 흔들고
호산나 호산나 다윗의 자손이여
우리 왕이여 호산나하던 무리
오늘은 바라바를 주소서
바라바를
십자가에 못 박으소서
예수를 못 박으소서
그의 피를 우리와
우리 자손에게 돌리소서
메시아로 오신 예수

하나님의 아들 예수
군중의 소리에
진리는 없었다
불의의 외침에
양심은 없었다
위협의 소리에
빌라도는 예수를 내주었다
군중들의 폭거에
진리를 외면하고
비겁하게 손을 씻었다
바라바냐 예수냐
골방이냐 광장이냐
빈들이냐 왕궁이냐
믿음이냐 상황이냐
골고다냐 성전이냐
영적이냐 문명이냐
양심이냐 대중이냐

영적이냐 육적이냐
현실이냐 천국이냐
고난이냐 영광이냐
나는 어느 편에서 외치고 있는가
스스로 속이지 말라
광야보다 디지털을
겸손보다 명예를
이웃보다 자기를
내세보다 현실의 기쁨을
고난보다 보이는 행복을
나는 지금 어디 있는가
하나님의 임재를 믿고 있는가
회칠한 무덤 외치는 소리는
누구를 위한 것인가
지금의 내 모습을 보게 하소서
내 속사람을 보게 하소서
눈을 열어주소서
진리를 보게 하소서
골고다로 가게 하소서
십자가의 주님을 생각하며

1. 안식일이 다 지나고 안식 후 첫날이 되려는 새벽에 막달라 마리아와 다른 마리아가 무덤을 보려고 갔더니 _ 마태복음 28장 1절

안식 후 첫날

유대인의 안식일
축제의 날이다
안식의 날이다
복받는 날이다
즐거운 날이다
율법의 날이다
예배의 날이다
전통적으로 생명을 걸고
지키는 유대인의 법이다
안식을 위하여 안식하는 날
십자가에 피흘려 죽은 예수는
무덤에 있다

안식의 주인이신 예수
안식을 주시기 위해 오신 예수
유대인은 안식을 죽였다
안식의 은총이 사라졌다
율법의 안식
전통의 안식
형식의 안식
부패한 안식
죽어버린 안식
새 안식 생명의 안식 온전한 안식
안식 후 첫날 선포하셨다
부활 생명으로
안식은 날에 있지 아니하다
의식에 있지 아니하다
즐거움에 있지 아니하다
행사에 있지 아니하다
편안함에도 있지 아니하다
안식일의 주인은 예수님
네가 내 안에 내가 네 안에
안식을 얻으라

참 평안을 얻으라
안식 후 첫날
거짓된 안식 죽은 안식
폐하시고 부활 생명으로
세상의 불행에서 참 안식으로
우리에게 오셨다
진리를 모르고
안식일에
얽매여있는 교회
얽매여있는 신앙
율법적 안식일에
스스로 만족하는
교회에 안식 후 첫날 찾아오신다
예수님은 지금 어디 계신가
참 안식을 누리라
영원한 안식을

19. 그러므로 너희는 가서 모든 민족을 제자로 삼아 아버지와
    아들과 성령의 이름으로 세례를 베풀고 _ 마태복음 28장 19절

그러므로 너희는 가라

소명에는 두 가지 뜻이 있다
하나는 구원이요
하나는 사명이다
인생에게 주시는
최고의 은총이다
하늘과 땅의 모든
권세를 가지신 주님
우리를 부르셨다
구원의 은총
속죄 의인 자녀 유업
메시아의 역사로
십자가와 부활로

성육신의 뜻을 이루셨다

그러므로 너희는 가라

아버지께서 나를 보내신 것같이

나도 너희를 보내노라

가서 모든 족속으로

제자를 삼으라

가르치라

행하게 하라

믿게 하라

세례를 주라

너희는 택하신 족속이요

왕같은 제사장이요

거룩한 나라요

소유된 백성이니

어두운데서 불러

거룩한 빛에 들어가게 한 것은

아름다운 복음을 선전하게 하심이라

소명의 은총은
최고의 사랑이요
최고의 가치이다
우리는 보냄을 받은 자
가정으로
세상으로
모든 사람에게
증인으로
언어로
삶으로
인내로
고난을 받으며
십자가의 죽음으로
제자를 삼고
복음을 주고
믿음을 주고
세례를 주고
증인이 되라
이제 너희는 가라
성령을 받으라

복음을 가지고
교회로 가라
세상으로 가라
세상 끝날까지
내가 함께 하리라

※ 제2장 ※

요한복음

1. 태초에 말씀이 계시니라 이 말씀이 하나님과 함께 계셨으니
   이 말씀은 곧 하나님이시니라 _ 요한복음 1장 1절

태초에 말씀이 계시니라

기독교는 말씀의 계시이다
이 말씀은 곧 하나님이시요
창조의 근본으로
하늘이나 땅이나
만물이 그로 말미암아
그를 위하여 창조되고
그가 없이는 된 것이 없느니라
그 안에 생명이 있으니
이는 사람들의 빛이라
그가 빛으로 왔으되
사람들이 깨닫지 못하였다
말씀이 육신이 되어 오셨다

어둠의 인간들은
어둠을 인하여
영광을 보지 못하였다
그러나
말씀이 육신이 되신
독생자 예수 그리스도
생명의 빛으로 오셨다
누구든지 따르는 자는
생명의 빛을 얻으리라
생명의 빛으로
어둠을 물리치고
생명을 주시기 위하여
육신을 입고 오신 그리스도
성부의 뜻을 따라 십자가의
경륜을 이루시기 위하여
성육신하신 것이 기독교이다
기독교는 계시의 역사다
인간 구원을 위한
하나님의 계시
말씀의 계시

역사의 계시
진리의 계시
생명의 계시
신앙은 계시의 발견이다
보화를 발견한 농부
인생의 최고의 가치
인생을 투자할 가치
지혜가 여기 있다
선택의 지혜이다
기쁨이 있고
희망이 있다
기독교의 비밀이다
나는 이 발견이 있는가
나는 어떤 선택을 했는가
확신이 없는 신앙
절대가 없는 신앙
종교적 의식 신앙
습관적 종교 생활
이 죄인의 모습입니다
계시를 알게 하옵소서

빛을 따라 살게 하옵소서
생명을 사모하게 하소서
말씀 안에 진리를 따라 살게 하소서

6. 하나님께로부터 보내심을 받은 사람이 있으니 그의 이름은
   요한이라 _ 요한복음 1장 6절

하나님께로부터 보냄을 받은 사람

세례 요한
그는 보냄을 받은 사람이었다
하나님께로부터
나실인으로
소명으로
광야에서
회개의 세례로
생명의 빛되신
그리스도를 증거하였다
낙타 털옷을 입고
가죽띠를 띠고
메뚜기와 석청을

양식으로
청빈의 삶으로
마음을 비워버린
영적 지도자의 본이 되었다
메시지는
회개와 천국
하나님의 예정
예수 그리스도
구원과 심판
회개의 열매
믿음의 열매
빛과 어둠
빛을 믿으라
빛은 생명이다
빛 되신 그리스도를 믿으라
나는 물로 너희에게
세례를 베푸나
그는 성령으로
세례를 주리라
부활하신 그리스도

내 아버지께서
나를 보내신 것 같이
나도 너희를 보내노라
성령을 받으라
땅끝까지 내 증인이 되리라
요한은 증인으로
보냄을 받은 자로
광야의 사람으로
순교의 순간까지
아포스톨로스 _apostolos_의
사람이었다
우리는 보냄을 받은 자이다
그리스도인으로
목사로
장로로
집사로
성직으로
빛이 되신 그리스도
어둠의 생명이신
빛을 반사 빛을 증거

빛으로 오게 하는
빛의 사람들이다
세례 요한의 믿음
광야의 생활
청빈으로
외치던
광야의 소리
회복하게 하옵소서
광야의 교회로 가게 하옵소서
도시 교회의 유혹을
뒤로 하고 광야로 달려가서
복음을 듣게 하소서
그리스도의 첩경을
평탄케 하옵소서

14. 말씀이 육신이 되어 우리 가운데 거하시매 우리가 그의 영
    광을 보니 아버지의 독생자의 영광이요 은혜와 진리가 충
    만하더라 _ 요한복음 1장 14절

말씀이 육신이 되어

성육신Incarnation
말씀이 육신이 되다
하나님이 육신을 입고 오셨다
인간을 구원하시기 위한 예정
아가페의 역사를 위하여
독생자의 영광을 떠나서
죄인의 몸으로 비하하셔
죽기까지 복종 하셨으니
곧 십자가에 죽으심이라
근본 하나님의 본체
독생자의 영광

창조의 근본
창조의 목적
은혜와 진리
성령의 충만
생명의 빛
길이요 진리
죄인의 모습으로
육신으로 오셨다
자기 땅에 오셨으매
자기 백성이 영접하지 않았다
빛보다 어둠을 더 사랑한 것이다
세상에 하나님을 본 사람은 없다
하나님 안에 독생하신 그리스도
영광 중에 하나님이신 그리스도
은혜로 빛으로 진리로 오셨다
이것이 하나님의 아가페
믿음으로 받아들이면
사랑이 내 안에 이루어지고
속죄 받고
의인 되고

자녀 되고
하나님의 후사가 된다
예정이요 하나님의 뜻
성육신의 작정이시다
성육신의 사랑을 알고 있는가
성육신의 내용을 알고 있는가
긍휼의 풍성한
성육신의 사랑
십자가의 사랑
알게 하옵소서
깨닫게 하소서
믿음으로
내 안에 사랑이
이루어지게 하옵소서
내 안에
성육신으로
은혜와 진리로 충만하옵소서

51. 또 이르시되 진실로 진실로 너희에게 이르노니 하늘이 열리고 하나님의 사자들이 인자 위에 오르락 내리락 하는 것을 보리라 하시니라 _ 요한복음 1장 51절

하늘이 열리고

하늘문이 열렸다
죄의 담이 무너졌다
하나님의 보좌가 내려왔다
하나님과 화목하게 되었다
천사들의 보호가 시작되었다
성령의 임재로 하나가 되었다
성자 예수님의 비하로
육신을 입고
죄인의 모습으로
십자가의 보혈로
율법에서 속량하시고
원수에서 자녀의 명분으로

성령 안에서 하나님과 하나되어
하늘의 영광을 보게 하시니
하늘문이 열리고 천사들의
보호의 역사가 시작되었다
예수님은 십자가로
하늘을 열어 놓으셨다
성령님이 내려 오셨다
기도가 올라간다
금향로의 향으로
찬송이 올라간다
감사가 올라간다
봉사가 올라간다
사랑의 희생이
섬김의 희생이
하늘에서 상급으로
영광과 존귀로 나타나게 된다
하늘의 시민권을 가진 우리

지금 무엇을 위하여 살고 있나
하늘은 열려 있는데
무엇을 바라보고 있나
세상의 부를 잡으려고
즐거움에 도취되어
하늘을 보지 못하고
동분서주하였네
언제 침몰될지 모를
타이타닉호
마지막 찬송을
부를 수 있나
두려움에 떨며
살려고 몸부림치다
검은 바다에 죽는 인생
열려진 하늘을
보게 하소서
천사들의 노래를
듣게 하소서
하늘의 음성을
듣게 하소서

3. 포도주가 떨어진지라 예수의 어머니가 예수에게 이르되 저
   들에게 포도주가 없다 하니 _ 요한복음 2장 3절

포도주가 떨어진지라

인간은
유한한 세상에
유한한 존재다
때가 되면
끝이 있다
명예 권력
풀의 꽃과 같다
부귀영화
무한이 아니다
젊음도 건강도
떨어져간다
시간과 세월은

떨어지는 과정이다
어리석은 자가 되지 말라
지혜운 자가 되어
깨달으라
세월을 아끼라
인생은 떨어져가는 존재
성공도
부요도
청춘도
사랑도
즐기는 사이에
포도주는 떨어져간다
스티브 잡스는
성공 성공
부요 부요
명성 명예
그러나
인생이 떨어져감을 몰랐다
갑자기 떨어졌다
고백은 의미가 없다

땅의 소망은
땅의 행복은
땅의 성공은
땅의 명성도
떨어져간다
혼인잔치에
즐거운 포도주는
즐거움과 함께 떨어진다
누구든지 목마르거든
내게로 와서 마셔라
나를 믿는 자는
생수가 그 배에서
강같이 흘러나리라
믿음으로 순종하면
마르지 않는 포도주
마르지 않는 생명수
네 인생이
네 영혼이
영원히 풍성하리라
영생의 주여

생수의 근원이시여
내 인생의 잔치에
오시옵소서
떨어져가는
포도주를
새 포도주로
더 좋은 포도주로
영원히 솟아나게 하소서
풍성한 즐거움으로 영원하소서

19. 예수께서 대답하여 이르시되 너희가 이 성전을 헐라 내가
    사흘 동안에 일으키리라 _ 요한복음 2장 19절

이 성전을 헐라

성전은 거룩한 곳
하나님의 집
성령의 임재
예배가 있고
말씀이 있고
찬양이 있고
기도가 있고
성도의 교제
사랑의 봉사
겸손의 섬김
하나님의 이름이
그리스도의 이름이

거룩으로 세상에 알리는
진리의 기둥과 터니라
거룩한 곳에
짐승의 소리
돈 바꾸는 소리
싸우는 소리
더러운 정욕
호색과 음란
시기와 질투
부정의 이권
예수님의 분노는
채찍과 내어쫓음
이 성전을 헐어버려라
하나님이 없는 성전
사람들만 가득한 성전
먹고 마시며
즐기는 성전
자기를 위한
예배와 찬양
기도와 간구

명예와 권력
종교적 경건
모양은 있는데
능력이 없는 신앙
도덕과 윤리가 없는
웅장하고 화려한 예배당
너희가 헐어버려라
사흘 동안에
십자가로
세우신 성전
온전한 성전
성령의 임재로
이 몸을 성전 삼으신
임마누엘의 인생으로
살아가게 하신 하나님
보이는 이면의 성전이 아닌
이 몸으로 세우신 거룩한 성전
주 예수님
십자가의 보혈로
성전 삼으신 이 몸

내 안에 거룩이
사라져가고 있어요
세상의 자랑과
육체의 정욕과
문명의 물속에서
방종으로 흘러가고 있어요
세상의 가치를 추구하는
내 안의 가증한 속성
모양만 있는
이름만 있는
거짓된 성전
헐어버리게 하옵소서
진노의 채찍이 오기 전
회개의 영을 주옵소서
오~ 주여 !!

3. 예수께서 대답하여 이르시되 진실로 진실로 네게 이르노니
   사람이 거듭나지 아니하면 하나님의 나라를 볼 수 없느니라

_ 요한복음 3장 3절

거듭나지 아니하면

신앙은 죽는 것이다
구습을 좇는 옛사람
세상에 대한
가치관
자아 경험
지식 희망
종교 경건
희망 열정
보이는 세계관
포기하는 것이다
세상에 대하여
사람에 대하여

죽어야 한다
죽어야 산다
죽고 다시 사는 것이 신앙이다
신앙은 다시 사는 것이다
하나님에 대하여
영적으로 사는 것
보이지 않는 세계관
위에 것을 바라보는
위에 것을 생각하는
영적인 소망을 가지고
현재보다 미래를
세상보다 영원을
종교보다 실상을
자존심보다 자존감으로
경건의 모양보다 능력으로
살아가는 것이다
유대인
바리새인
랍비의 경건
존경의 상징

니고데모는 죽어야 한다
그리고 다시 살아야 한다
거듭나지 아니하면
천국을 볼 수도 없다
신앙의 실패자다
위선의 불행은
영원한 지옥이다
스스로 속고 있는
오늘의 니고데모
니고데모는 죽어야 한다
스스로 경건을 자랑하는
경건의 모양을
종교적 열심을
의로운 선행을
성직의 이름을
존경을 받고자 하는
니고데모의 자존심
죽어야 한다
죽어야 산다
주 예수님

내면의 자신을 속이고
스스로 경건의 모양을
자랑하던 죄인
위선자 니고데모
성령을 부어주시어
회개로 거듭남을 주옵소서
교만했던 자아
위선의 신앙 생활
위선의 선한 행실
의무적 봉사 헌신
감사가 없는 신앙
감격이 없는 사랑
물과 성령으로
거듭남 주옵소서
성령의 기쁨을 주옵소서
성령의 음성을 주옵소서
신령한 행복으로 살게 하소서

30. 그는 흥하여야 하겠고 나는 쇠하여야 하리라 하니라

_ 요한복음 3장 30절

그는 흥하여야 하겠고
나는 쇠하여야 하리라

형님 먼저 !
아우 먼저 !
목사와 장로의
사발라면 광고 만담
그들은 갔다
시대에 맞지 않는
만담은 기억하는지
세례 요한은
예수님을 향하여 외쳤다
그는 흥하여야 하고
나는 쇠하여야 하리라

이것이 기독교 정신이다
이것이 복음의 정신이다
예수님은 섬김을 받으러
오신 분이 아니다
섬기고 또 자기 생명을
주러 오셨다
멸망의 인간
저주의 인간
배신의 인간
불신의 인간
살리시기 위하여
영광과 존귀와
생명을 주셨다
그 증거가 십자가다
의롭다 하심을 위하여
자기를 내어 주시었다
우리가 아직 죄인되었을 때
우리가 아직 원수되었을 때
십자가의 죽음으로 사랑을 확증하셨다
사랑은 주는 것

자기를 주는 것
모두에게
너에게
원수에게
유익을 주기 위한 희생
하나님의 마음
우리 중심
너 중심
형제의 성공을
축복하고 기뻐하는 사랑
신앙인이요 기독교 정신이다
보냄을 받은 자
나실인
소명자
세례 요한
오늘의 사회에
오늘의 교회에
세례 요한은 어디 있는가
비교 시기 질투
모함 미움 살인

살기 위한 정당행위
상식화된 세상
들으라 !!
그는 흥하여야 하고
나는 쇠하여야 하리라
치열한 세상에서
죽이고 살려고
내 안에 나는
증오로
분노로
경쟁으로
잠 못 이룬 밤
그래도 신앙이라고
예수님이 내 안에 구주라고
입으로 외쳐대던 위선자
오 주 예수님
내 안에 숨어있는
교만 욕심을 태워주소서
새 마음을 주옵소서
새 영으로 채워주소서

나보다
형제의 잘됨을
형제의 성공을
웃게 하소서
축복하게 하소서

15. 여자가 이르되 주여 그런 물을 내게 주사 목마르지도 않고
    또 여기 물 길으러 오지도 않게 하옵소서
16. 이르시되 가서 네 남편을 불러 오라 _ 요한복음 4장 15-16절

네 남편을 불러오라

사람은 대개 과거가 있다
상처
아픔
불행
실패
잊고 싶은 일
거짓 행복으로
오늘을 옷 입고
살아가는 인생
불행한 존재들이다
사마리아 여인
다섯의 남편이

행복을 주지 못했다
행복이 목마른 인생
사랑이 목마른 인생
목마른 인생의 갈증
지금도 목마른 인생
한낮에 물을 길러 온 여인
오늘의 교인 신자들 모습
채워주지 못하는 교회
매일매일 길어도
매일매일 먹어도
끝이 없는 갈증은
사마리아 수가성
야곱의 우물 조상의 우물
종교의 우물 전통의 우물
생수가 없는 두레의 우물
예수님을 만나야 한다
야곱의 우물이 아니다

율법의 우물이 아니다
생수의 근원이다
배에서 강물처럼
풍족하게 성령으로
채워주시는 주 예수님
네 안에 모셔라
다시는
물을 길러 오지 않아도
싱싱하고 목마르지 않는
네 인생을 위하여 만나야 한다
네 남편을 불러오라
숨겨오던
내 남편들
내가 추구하던 행복
내가 실수했던 과거
내가 빠져있던 사랑
내가 바라보던 성공
지금 있는 것도 불안한 남편
종교로 위장된 거짓된 경건
불러오라

생수를 주리라

영원히 목마르지 않는

경건의 모양은 있으나

여전히 목마른 내 신앙

나를 믿는 자는

생수가 배에서 강같이 흘러나리라

이는 믿는 자들이 받을 성령이라

오 주 예수님

생수의 근원이시여

성령을 물붓듯 부어주소서

강물처럼 흘러가게 하소서

동네로 달려가서 나누게 하소서

샘솟는 기쁨의 생수를 !!

2. 예루살렘에 있는 양문 곁에 히브리 말로 베데스다라 하는
   못이 있는데 거기 행각 다섯이 있고 _ 요한복음 5장 2절

베데스다

베데스다는 언제나
사람들이 많이 모인다
문제의 사람들
병든 사람들
실패의 사람들
고통의 사람들
가난한 사람들
살기 위한
치열한 경쟁으로
물이 동하기를 기다리는 사람들
때를 기다리는 불쌍한 사람들
가상화폐로

인생을 거는 사람들
고시촌에서
밤을 새며 기다리는 사람들
내가 가기 전에
다른 사람이 가버린다
양보란
긍휼이란
사랑이란
경쟁에는
있을 수가 없다
교회 베데스다
은혜의 자리
복받는 자리
기도의 자리
치료의 자리
치열한 경쟁에
절대 양보 없는 열심

에고이즘_egoism은
신앙이 아니다
38년 된 병자는 오늘도
베데스다를 찾는다
일생 동안
물이 동하기를
기다리며 사모하다
지쳐서 시들어가는
불쌍한 무리
찾아오신 예수님
일어나라
네 자리를 들고 가거라
찾아오신다
예수님
베데스다의
기다리는 인생들
언제까지
경쟁하며
살아갈 것인가
너는

무엇을 기다리는가
물이 동하는 때를 기다리는
불행한 군중들 구름떼처럼 모여든다
교회여
베데스다여
찾아오시는 예수님
믿음의 실상을 주라
믿음의 눈으로
영의 눈으로
예수를 만나라
치료의 예수님
구원의 예수님
듣는 자는 살아나리라
살아있는 생명의 말씀
오늘의 베데스다
날마다 습관으로
종교 행사로
물이 동하기를
언제까지 기다리나
어리석은 신앙을

용서하옵소서
요행을 신앙이라고
믿어왔던 죄를 용서하소서
지금
실상의 믿음으로
주님을 만나게 하소서
생명의 말씀 듣게 하소서
자리를 들고 걸어가게 하소서

3. 예수께서 산에 오르사 제자들과 함께 거기 앉으시니
4. 마침 유대인의 명절인 유월절이 가까운지라

_ 요한복음 6장 3-4절

유월절이 가까운지라

유대인에게는 유월절이 있다
출애굽이요
자유와 해방
역사의 시작
하나님의 비전
홍해의 도하
광야의 역사
구름과 불기둥
사십년의 기적
약속의 땅
가나안을 기념하는
유월절 잔치

유대인은 양을 잡는다
무교병을 먹는다
잔치를 한다
대대로 지켜야 한다
유월절을 위하여 산다
해방과 자유
출애굽으로
시작된 역사
하나님의 역사를
영원히 지키는 절기이다
예배로 찬양으로
기쁨과 즐거움으로
감사와 감격으로
최고의 축제이다
과거를 돌아보며
희망과 꿈으로
새로운 출발
믿음의 출발
새옷을 입고
가족들과 함께

새로운 역사가 시작되는
유월절을 준비하며 살아야 한다

우리에게 유월절은
갈보리 언덕 위에 십자가이다
그러므로 그리스도 안에 있으면
결코 정죄를 받지 않는다
이는 그리스도 예수 안에 있는
생명의 성령의 법이
죄와 사망에서 우리를
해방하였음이라
어린양이 되신 예수님
보혈의 피로 속죄받고
의의 사람으로
거룩한 백성으로
하나님 자녀로
천국의 기업을
받은 우리에게
유월절은 어디 있나
잔치의 즐거움

이웃과 나눔도
구원의 기쁨도
감사와 감격도
어린양도
유교병도
피뿌림도
지금 유월절의
행사는 어디로 갔는가

유월절을 잃어버린 교회
유월절을 잃어버린 신앙
어린양은 어디 있나
문설주의 피는 어디에
무교병과 쓴 나물은
사라진 지 오래다
고난의 십자가
금식과 기도와
헌신의 희생은
피뿌림의 십자가는
빛나는 십자가로 바꾸어지고

유월절은 가까이 오는데
유월절이 없는 교회
유월절이 없는 신앙
하늘의 유월절
주님과 함께 하는
예루살렘 혼인잔치
너희는 준비되었느냐
오 주 예수님
내게 있는 것으로
적은 것이지만
유월절을 준비하게 하소서
오병이어의 풍성을 경험하게 하소서

28. 그들이 묻되 우리가 어떻게 하여야 하나님의 일을 하오리이까
29. 예수께서 대답하여 이르시되 하나님께서 보내신 이를 믿는 것이 하나님의 일이니라 하시니 _ 요한복음 6장 28-29절

하나님의 일

가장 보람 있고
의미 있는 일
축복 받는 일
은혜 받는 일
그것은
하나님의 일을 하는 것
예수님도 하나님의 일
하나님의 뜻을 행하러 오셨다
동정녀 탄생
죄인의 몸으로
십자가의 죽으심

부활 승천
하나님의 일이다
이루신 구원 역사이다
하나님의 일은 하나님이 하신다
우리가 어떻게 하여야
하나님의 일을 하오리까
사람들은
목회 사역
전도 사역
봉사 사역
구제 사역
하나님의 일이라고
공으로 생각한다
하나님의 일은 하나님이 하신다
선행을 향한 마음에 움직임이다
스스로 공을 쌓고자 하는 신앙일 뿐
하나님의 일은

하나님의 존재
독생자의 사랑
변함없는 아가페
삼위일체의 역사로
구원받은 믿음을 지키는 것이다
에녹의 신앙처럼
임마누엘로 성령 안에 사는 것
믿는 것은 하나 되는 것
성만찬으로 살과 피로
주님이 내 안에 내가 주님 안에
이런 믿음이 이런 생활이
하나님의 일을 하는 것이다
신앙고백 따로
예배생활 따로
기도생활 따로
의로워지기 위한 종교적 헌신
오 주 예수님
내 스스로 의를 행하려던 오만
경건에 이르기 위한 거짓 노력
어리석음을 용서하옵소서

의로운 가면을 벗게 하소서
있는 자리에서 있는 그대로
성령 안에 있음을 실상으로
믿음으로 살아가게 하소서
독생자의 사랑
십자가의 사랑
내 안에 이뤄지게 하소서
하나님의 일을 알게 하소서

38. 나를 믿는 자는 성경에 이름과 같이 그 배에서 생수의 강이
    흘러나오리라 하시니 _ 요한복음 7장 38절

나를 믿는 자는 성경에 이름과 같이

하나님은 믿는 자의 하나님
예수님은 믿는 자의 구세주
성령님은 믿는 자의 보혜사
하나님은 믿는자를 위하여
하늘의 신령한 모든 복을 예비하셨다
성경은 예수를 믿는 자에게
속죄의 은총을
의인의 반열에
자녀의 권세를
천국의 유업을
하나님의 후사로
흠이 없고 정결한
영생으로 천국을 누리게 하신다

정죄는 이것이니
하나님의 사랑을 믿지 않는 것이요
그의 아들 예수를 그리스도로 믿지 않는 것이다
죄의 삯은 사망이요
죄는 불신이요 배신이요
대적으로 비방하는 교만이다
유대인들이
율법을 그리고 전통을
믿음이 아니라 지식으로
스스로 의로운 자리에 있으니
새 포도주를 받아들이지 않고
배척하다 멸망하였느니라

믿음은 지식이 아니다
전통과 의식과 절기가 아니다
그대로 믿는 것
그대로 받아들이는 것

하나님의 사랑을
오늘
교회 공동체는
내 믿음은
나의 신앙의 생활은
절대성을 잃어버리고
상황과 타협하면서
하나님도 우리를 아시니까
위안을 얻으려는 내 중심이 아닌가

믿음으로 살라
절대적인 믿음
환경을 이기고
나를 이기는 믿음
네 배에서 생수가 강같이 흘러나리라

11. 대답하되 주여 없나이다 예수께서 이르시되 나도 너를 정죄
하지 아니하노니 가서 다시는 죄를 범하지 말라 하시니라]

_ 요한복음 8장 11절

나도 너를 정죄하지 아니하노니

비판하지 말라
판단하지 말라
남의 눈에 티를 보지 말고
네 눈에 들보를 보라
손에 손에 돌을 들고
율법을 가지고 모인 무리
너희 중에 죄 없는자가 먼저 돌로 치라
손에서 돌이 떨어지고
하나씩 흩어져 돌아갔다
두려움에 떨던 여인
너를 정죄하던 자들이 어디 있느냐
없나이다

나도 너를 정죄하지 아니하노라
의로우신 예수님
거룩하신 예수님
죄인의 몸으로
사람의 모양으로
성육신하셨다
십자가의 저주로
속죄를 이루시기 위하여
십자가 앞에 누구든지 죄인이 될 수 없다
율법의 요구를 완성하셨다

율법으로 종교 행위로
의롭게 될 수 없다
오직 믿음으로
하나님의사랑
십자가의 대속을

정죄하지 말라
비판하지 말라
이로 인하여 심판을 면치 못한다

나의 신앙을 돌아보라
정죄가 아니고
심판이 아니고
구원하시기 위하여 오셨다
비판하고 판단하고
정죄하던 위선의 죄를 용서하옵소서
덮어주고
받아주고
이해하고
같이하는
믿음으로 살게 하옵소서

47. 하나님께 속한 자는 하나님의 말씀을 듣나니 너희가 듣지 아
   니함은 하나님께 속하지 아니하였음이로다 _ 요한복음 8장 47절

하나님께 속한 자는

성경은 두 종류의 사람을 말한다
하나님께 속한 사람
마귀에게 속한 사람

하나님께 속한 사람
성령으로 사는 사람
말씀을 듣고
믿음으로 순종
위에 것을 생각하고
의와 진실과 공의로
교회를 세워가며
하나님 나라를 세워가는 사람

중심이 하나님
우리와
너와
나를 위하여
성령의 열매로
덕을 세우며
온유와 겸손으로
긍휼을 베풀며
섬김으로 보람을 얻는 사람

마귀에게 속한 사람
마귀는 속성이 거짓
훼방 이간 죄의 근원
마귀에 속한 사람은
거짓이요
배반이요
대적이요

위선이요
비판이요
수근수근
이기주의
음행이요
거치는 돌
시기 질투
다투는 자
땅에 속한 것에
이름을 내려고
성을 쌓는 니므롯
지금도 끊임없이
바벨탑을 세우는 자
배반과 타락의 원조
이들은 하나님께 등을 돌린 자들

마귀에게 속한 자의 특징
불순종
배신자
거짓으로

이간질로 교회를
어지럽히는 자
자기만 나타나야 하는 자
모두 거짓의 아비 마귀의 자식들이다

주의하라
택한 자라도 넘어지게
에덴에 왔던 마귀가
간교하게 거룩한 이름으로
교회를 미혹하느니라

✝ 오늘의 말씀 밥상

2. 제자들이 물어 이르되 랍비여 이 사람이 맹인으로 난 것이
   누구의 죄로 인함이니이까 자기니이까 그의 부모니이까

_ 요한복음 9장 2절

누구의 죄로 인함이니이까

누구나 태어난다
준비된 세상
그러나
공평하지 못하다
건강으로
좋은 조건으로
더러는 가난의 환경
더러는 불구의 모습으로
남자로 여자로
불가에서는 전생의 운명이라 한다

나면서부터 맹인이다

구걸로 인생을 산다
한 번도 세상을 보지 못했다
이 또한 누구의 죄란 말인가
조상인가
부모인가
자신의 죄인가
장애인을 보는 사람들의 눈
타고난 불행의 인생
나보다 다른 인생으로
동정보다 재수없는 일로
몇 푼의 동정으로
자기의 의를 과시
어서 지나가기를
평범한 대화보다
동정으로 위로
나는 갑이 된 것처럼 과시
죄의 결과가 아니다

운명이 아니다
예수님 말씀 누구의 죄가 아니다
그를 통해 하나님의 일을 하시려 함이라
장애는 운명이 아니다
장애는 죄의 저주가 아니다
하나님이 하시는 일이다
하나님은 경륜의 주인공이다
그는 불행하다
느낄 수 있다
그러나 불행이 아니다
건강한 나는
무엇을 하고 있나
차라리 보거나 듣지 못하는
장애라면 이런 죄는 없었을 것인데
차라리 소경이었더라면
차라리 듣지 못하는 귀머거리였다면
들음으로 눈으로 보니
죄악의 성을 쌓고 실패의 인생으로 살아가니
불쌍한 것은 건강하다는 자신이다
남의 불행을 보며

자신을 보지 못하니
차라리 맹인이 되었더라면
말씀이 두렵다
차라리 맹인으로
귀머거리로 살게 하소서

11. 나는 선한 목자라 선한 목자는 양들을 위하여 목숨을 버리거니와

12. 삯꾼은 목자가 아니요 양도 제 양이 아니라 이리가 오는 것을 보면 양을 버리고 달아나나니 이리가 양을 물어 가고 또 헤치느니라 _ 요한복음 10장 11~12절

나는 선한 목자라

인생은 자신이 주인이 아니다
내가 할 수 있는 것은 아무것도 없다
질병이 와도
죽음이 와도
대응할 능력이 없다
어리석어서
제 길로 가나
결국은 사망이요
사지로 가면서도
그것이 죽음이라는 것을 모르는 인생

미물의 곤충도
때를 분별하여 살 길을
찾아 이동한다
지진을 모르고 쓰나미를 바라보며
죽어가는 인생
목자를 잃어버린 양들의 모습
오합지졸 방향을 모르는 인생
목자 없는 양같이
길을 잃어버린 인생들
찾아오신 하나님
인생의 선한 목자이시다
창조자로 주인이시다
자기 양을 사랑하사
살리시기 위하여
성육신하셨다
그래서
예수는 사는 길이다

참으로 목자이시다
십자가의 죽으심으로
인생을 살리신 선한 목자이시다
눈에 보이는 자칭 목자
삯을 위하여 일하고
희생이 따르면
양을 버리고
살길로 도망가는 자는
거짓이요 목자가 아니다
자기를 위하여
양의 가죽을 쓴 이리들이다

우리의 목자는 오직 예수님
하나님 아들 우리의 창조자
생명의 길로 인도하시는
푸른 초원으로
풍성한 생명으로
인도하시는 선한 목자이시다

고백하자

주님은 나의 목자 영원히 따를
나의 생명의 주인
오직 주님만 바라보고
순종하며 따르리라
나의 길이요
사랑으로 영원히 따르리라
나의 목자시요
나의 생명이시라

4. 예수께서 들으시고 이르시되 이 병은 죽을 병이 아니라 하나님의 영광을 위함이요 하나님의 아들이 이로 말미암아 영광을 받게 하려 함이라 하시더라 _ 요한복음 11장 4절

이 병은 죽을 병이 아니니라

생로병사
사람은 언젠가는 죽는다
사랑하는 자가 병들어 죽어간다
이 병은 죽을 병이 아니다
이틀을 더 유하시다가 베다니에 가셨다
누이동생 마르다가 반기며
왜 이제 오셨어요
네 오라비가 살리라
네, 부활의 날에 살 것입니다
나는 부활이요 생명이다
나를 믿는 자는 죽어도 살고

살아서 믿는 자는 영원히 죽지 아니하리라

네가 이것을 믿느냐

그 무덤이 어디 있느냐

무덤의 문을 열라

주여 죽은 지 나흘이나 되어

냄새가 나나이다

내 말이 네가 믿으면 영광을 보리라

하지 아니하였느냐

믿음의 순종이 역사를 만든다

나사로야 나오너라

수족을 동인 채로 나오너라

풀어놓아 다니게 하라

예수님은 사망 권세를 이기신 분

창조의 근본

모든 창조가

그를 위하여

말씀이 육신이 되신 여호와

그 안에 생명이 있으니
아들이 있는 자에게는
생명이 있고
아들이 없는 자에게는
생명이 없다
이 일을 기이히 여기지 말라
무덤 속에 있는 자들이
하나님의 아들의 음성을 들을 때가 오나니
듣는 자는 살아나리라
오늘날
기독교는 있는데 생명이 있는가
내 신앙은 누구의 생명인가
종교의 무덤에
교회가 회칠한 무덤
냄새나는 기독교 신앙
나사로야 나오라

이제 우리는 무덤의 문을 열어야 한다
생명의 말씀을 들어야 한다
종교적 의식

교리와 전통
제도와 헌법
믿음으로 열어야 한다
사슬을 풀어야 한다
죽어도 사는 믿음
나사로야 나오라
네가
믿으면 영광을 보리라
죽음 앞에서
슬퍼하는 우리에게
오시옵소서
베다니에
절망의 무덤을 열게 하소서
생명의 음성을 듣게 하소서

24. 내가 진실로 진실로 너희에게 이르노니 한 알의 밀이 땅에
   떨어져 죽지 아니하면 한 알 그대로 있고 죽으면 많은 열매
   를 맺느니라 _ 요한복음 12장 24절

한 알의 밀이

원인 없는 결과는 없다
뿌린 만큼 거두는 것이다
한 알의 밀이 땅에 떨어져
그대로 있으면 한 알 그대로 있고
죽으면 많은 열매를 맺느니라
희생이 없는
노력이 없는
성공은 없다
공짜는 없다
쉽게 쌓은 탑은 쉽게 무너진다
희생과 수고 없이 거두려는 것은 죄악이다

게으름이 죄이다
심지도 않은 데서
뿌리지도 않은 데서
거두려 한다
남이 지어놓은 농사에
낫을 대는 사람은 절도요 강도다
희생한 만큼 열매를 거두게 하신다

예수님은 한 알의 밀알로
세상에 오셨다
죽기 위해 살으셨다
인간 구원을 위하여 하늘의 영광을 포기하셨다
죄인으로 죄의 저주를 받으셨다
십자가는 저주였다
그래서 인간에게 은혜가 주어졌다
믿는 자에게 구원의 생명을 부활의 생명을
한 알의 밀알의 신비를 배우라

죽지 않고는
포기하지 않고는
열매를 거둘 수 없다
많은 열매를 맺으라
그리고 모두를 나누라
열매는 내것이 아니다
주인의 것이요 모두의 것이다
살고자 하는 무지
안 죽으려는 싸움
주 예수님 용서하옵소서
죽게 하옵소서
죽는 것이 사는 길이요
살고자 하면 죽는 것을
오 주님
십자가의 진리를 간직하게 하소서

✝ 오늘의 말씀 밥상

1. 유월절 전에 예수께서 자기가 세상을 떠나 아버지께로 돌아
   가실 때가 이른 줄 아시고 세상에 있는 자기 사람들을 사랑
   하시되 끝까지 사랑하시니라 _ 요한복음 13장 1절

끝까지 사랑하시니라

사랑에도 기간이 있단다
인간이기에 그렇다고
사랑할 때가 있고 미워할 때가 있다
온전한 사랑을 할 수 없다는 것
울기도 하고 웃기도하고
행복하고 불행하고
사랑에 놀아나는 신비
사랑을 할 수 있다면
사랑하라
사랑하라
식어지기 전에

미워지기 전에
사랑은 감정의 장난
자기를 위한 사랑
그래서
참사랑일 수 없다

끝까지 사랑하신 예수님
끝이 없으신 사랑
공평하신 사랑
십자가로 보이시고
자기를 주시고
사랑의 영 성령을 주시고
본을 보여주시고
미움이 없는 사랑
원수에게 긍휼을 주시는 사랑
발을 씻기시는 사랑
너희도 서로 사랑하라
내가 사랑한 것 같이
너희가 서로 사랑하면
이로써 너희가 내 제자인 줄 알리라

이런 사랑으로 사랑하라
내가 너희를 사랑한 것 같이
감정에 끌린 사랑
편견의 사랑
미움을 감추인 사랑
주님
사랑의 영 성령을 심령에 채워주소서
변함없는
끝까지 사랑하는 사랑
십자가 사랑으로 모두를
사랑하게 하소서
사랑을 알게 하소서
사랑하므로 사랑의 행복을
누리게 하소서

1. 너희는 마음에 근심하지 말라 하나님을 믿으니 또 나를 믿으라

_ 요한복음 14장 1절

너희는 마음에 근심하지 말라

근심 걱정 염려 스트레스
인생이기에
지고 가야 하는 짐
인생 문제
가정 문제
자녀 문제
인간 관계
미래 문제
경제 문제
여기에서 해방이 믿음이다

예수님만 믿고 따라 다니던 제자들

세상을 떠나신다는 말씀
예수님은 우리의 전부였는데
불안 두려움 걱정 근심
밖에서 공격
안에서 생계
무엇을 믿었나
무엇을 배웠나
오늘 우리의 모습 아닌가
보이는 것에 매력을 느끼며
몰려오는 군중
궁중의 고운 옷 입은 사람
광야의 선지자를 보려고
바람의 갈대처럼
실패 앞에서
죽음 앞에서
근심으로 뼈가 마르는 인생
너희 믿음은 어디 있는가

너희는 마음에 근심하지 말라
하나님을 믿으라 또 나를 믿으라
내 아버지에게는 부족한 것이 없다
너희 있을 곳
얼마든지 있다
내가 곧 길이요 진리요 생명이다
내가 가면 또 다른 보혜사를 보내리라
그는 너희와 항상 같이 있으리라
영원히 떠나지 아니하리라

근심과 걱정
마귀가 뿌리는 불신의 씨앗
위로와 평화를 지워버리는 수단
뼈를 마르게 하고
인생을 마르게 하고
하나님을 잊어버리게 한다

믿음으로 살자
완전하신 한 품에
모든 것을 드려라

내가 해결할 수 있는 것은 하나도 없다
잔 머리 굴리지 말라
깨어질 뿐이다
하나님을 믿으니 또 나를 믿으라
세상 끝날까지 항상 함께 있으리라

1. 나는 참포도나무요 내 아버지는 농부라
2. 무릇 내게 붙어 있어 열매를 맺지 아니하는 가지는 아버지
   께서 그것을 제거해 버리시고 무릇 열매를 맺는 가지는 더
   열매를 맺게 하려 하여 그것을 깨끗하게 하시느니라

_ 요한복음 15장 1-2절

나는 참포도나무요

기독교 신앙은 생명이다
선택이 아니다
사느냐 죽느냐
성공이냐 실패냐
예정에 순종하라
내 생각이 내 맘대로가
죄요 불행이요 타락이다
열매를 찾으시는 농부
열매없는 가지는 찍어버린다
합당한 열매를 맺으라

더 많이 맺도록 은혜를 주신다

나는 포도나무다
내 안에 거하라
절로 열매를 많이 맺는다
그러나
나를 떠나서는
너희가 아무것도 할 수 없느니라
버려지고
말라지고
태워버리고
주님을 떠나는 것이
타락이요 불행이다
내 안에 거하라
나도 너희 안에 거하리라
내 말이 네 안에 있으면
무엇이든지

원하는대로 구하라
신앙은 예수 안에 사는 것이다
예수가 없는 신앙은 생명이 없다

종교적 열심으로
말씀 밖으로
삶의 수단으로
인간들이 만드는 교리 제도
그래서 시들고 마르는 것이다
형제여
생명의 뿌리를 찾으라
참 포도나무인 예수 안에 살라
믿음의 열매를
사랑의 열매를 맺으라
겸손하게 사랑을 받으라
자연스런 열매가 풍성하리라

오 주님
나 홀로 꽃을 피우고 열매를 맺으려던
불신앙의 죄를 용서하옵소서

네가 내 안에 거하라
나를 떠나서는 아무것도 할 수 없느니라
생명으로 믿음을 지키게 하옵소서
많은 열매로 하나님을 기쁘시게
내 생명의 풍성을 누리게 하소서
나는 포도나무요
너희는 가지니

33. 이것을 너희에게 이르는 것은 너희로 내 안에서 평안을 누리게 하려 함이라 세상에서는 너희가 환난을 당하나 담대하라 내가 세상을 이기었노라 _ 요한복음 16장 33절

담대하라 내가 세상을 이기었노라

신앙은 외로운 길이다
대적이 많다
세상 주관자
공중 권세
문명의 물결
전통과 유래
물질과 정욕
유혹으로
대적으로
훼방하는 마귀의 간계
사회적 정치적 환경

끊임없는 공격으로
고난의 길이다
때로는 모함
곤고와 위험
그러나 담대하라
담대함이 승리를 얻는다
강하라 담대하라
여호수아처럼
담대함은 믿음이다
예수님이 세상을 이기셨다

담대함을 잃지 말라 큰 상을 얻고
승리하게 된다
천국은 이기는 자에게 주시는
영광이다

신앙은 십자가의 길이다

외로운 싸움이다
가정의 환경
사회의 환경
세상과 싸움
자신과 싸움
희망을 가지고 끝까지 싸우는 것
십자가의 예수님만 바라보고
고난의 길에서 담대하게 사는 것이 신앙이다
힘겨운 싸움에 지쳐있는 성도여
환란은 인내를 인내는 소망을
성령으로 이루어가시는 주님만을
바라보라
이기는 자들에게
성령의 도우심이 있다
환란이 와도 담대하라
승리를 한 싸움이기에
이김의 영광을 바라보자
십자가 넘어
담대하라
내가 세상을 이겼느니라

1. 예수께서 이 말씀을 하시고 눈을 들어 하늘을 우러러 이르시되 아버지여 때가 이르렀사오니 아들을 영화롭게 하사 아들로 아버지를 영화롭게 하옵소서 _ 요한복음 17장 1절

때가 이르렀사오니

때가 있다
세상은 때가 있다
꽃이 필 때가 있고 열매를 맺을 때
떨어질 때가 있다
자연의 섭리는 우연이 아니다
인간을 구원하시는 역사를 보라
때를 따라 역사하시는 예정의 은총이다
때가 차매
하나님의 그 아들을 여자에게서 나게 하시고
율법 아래 낳게 하신 것은
우리를 속량하시고

아들의 명분을 얻게 하려 하심이라
예수님은 우연이 아니다
오실 때가 되어 오셨다
때가 되매 십자가에서 죽으셨다
속죄의 제물로 저주를 받으셨다
이를 위하여 오셨다
십자가는 고난이다
십자가는 저주이다
하나님의 뜻이다
구원의 완성이다
하나님께는 영광이다
이 영광을 위하여 오셨다

버림 받으셨다
속죄의 어린양으로
예정하신 대로
때를 따라
이루어가시는 아가페
성령 안에서 하나되고자 하시는
삼위일체의 경륜은 때를 따라 역사하신다

하나님께는 영광이요
믿는 우리에게는 평화요
구원의 은혜이다
이것이 하나님의 공의다
우리도 의롭게 하셨다
때를 따라 역사하시는 은총
세상은 공짜가 없다
하나님의 공의다
그래서 우리에게는 은혜다

뜻하신 대로
성령을 부어주신다
성자가 성부 안에 성자가 우리 안에
성령으로 하나인 것을 잊지 말라
그래서 거룩한 성전이다
내가 거룩하니 너희도 거룩하다
거룩을 힘써 지키라
때가 이르렀사오니

4. 예수께서 그 당할 일을 다 아시고 나아가 이르시되 너희가
   누구를 찾느냐
5. 대답하되 나사렛 예수라 하거늘 이르시되 내가 그니라 하
   시니라 그를 파는 유다도 그들과 함께 섰더라

_ 요한복음 18장 4-5절

이르시되 내가 그니라

사람은 살기 위하여 산다
꿈을 가지고
인내하고
노력하고
성공 실패를 학습하며
끝없는 생존의 욕망 속에서
하루하루 치열한 전쟁을 한다
그러나
죽음을 향해가는 과정일 뿐이다
죽지 않으려는 어리석은 인생

예수님은 죽기 위하여 오셨다
내가 온 것은 섬김을 받으려 함이 아니요
섬기고 또 내 생명을 대속물로 주려 함이라
죽을 수도 살 수도 있는 권세
구원의 예정으로 죽으러 오셨다
자주 찾아 기도하시던 그리심 시내 언덕
마지막 기도를 위하여
죽음의 준비를 위하여
저무는 언덕에 찾아온
제자와 군중의 무리들
너희가 찾고 있는 예수가 나니라

버릴 권세도 얻을 권세도 있으신 예수
내가 받아야 할 잔이라
수모의 길로 고난의 길로
십자가를 향하여 가시는 예수님
자신이 아닌 아버지의 뜻을 위하여

인류의 속죄를 위하여
그리심 시내 언덕을 떠나셨다

십자가를 바라보시면서
속죄의 제물이 되기 위하여
우리는 무엇을 바라보며
무엇을 위하여 살아가고 있는가
초등 6학년 여학생한테 꿈이 뭐냐
건물주가 될래요
피자가게 커피숍 약국 세주고 살래요
모두의 꿈이 아닌가
그리심 시내 언덕으로 가자
그리고
고난의 행군을 하자
십자가를 바라보고
죽기 위하여
죽어야 사는 진리
살고자 수고하다 죽지 말고
죽기 위하여 살다 영원히 사는
복음의 진리를 위하여

고난을 희망으로
십자가를 부활로
죽음을 이기는 신앙으로 살아가라

30. 예수께서 신 포도주를 받으신 후에 이르시되 다 이루었다
하시고 머리를 숙이니 영혼이 떠나가시니라

_ 요한복음 19장 30절

다 이루었다 하시고

다 이루셨다
성육신의 사역
구원의 예정
아가페의 사랑
대속을 이루셨다
율법을 이루셨다
목적을 이루셨다
십자가
예수님의 목적이다
죄인이 의인이 되는 길
자녀가 되는 길
천국의 유업을 얻는 길

저주가 사라지는 길
불행이 행복이 되는 길
채찍과 배신의 아픔
저주의 고통 버림의 고통
성육신의 목적을 위하여
피흘리시고 물을 다 쏟으시고
갈증의 신 포도주
잔인한 죄의 값
십자가로 완성하셨다
이제는
다 이루셨다
보혈의 언약
은혜의 언약
믿음으로 이루어지는 약속
이 사랑을 받으라
이 은혜를 믿으라
무한의 은총

무한의 사랑
하늘의 신령한 모든 복
주시기 위하여 예정하사
그의 기쁘신 뜻대로
자녀 삼으시기 위하여
십자가로 완성하셨네
다 이루셨다
믿기만 하라
네게 이루어진다
그 사랑이
그 희생의 예정이

1. 안식 후 첫날 일찍이 아직 어두울 때에 막달라 마리아가 무
   덤에 와서 돌이 무덤에서 옮겨진 것을 보고 _ 요한복음 20장 1절

열려진 무덤

사람들이 가고 있다
목적지는 다 같다
각자가 모양과 내용이 다르다
생각지도 아니하고 가다가
어느날 목적지에 도달하게 되면
두려움과 불안으로 절망한다
지금까지 하던 모든 것
나와 상관없이 그대로 두고
관여할 수도 없는 무덤으로
그래서 무덤은 절망이다
그러나 누구든지
이 절망을 향해 가면서도

천년의 희망으로 사는 것이 어리석은 인간이다
무덤은 모든 것의 끝이다
예수님은 인간의 죄를 대신 지고
십자가의 저주로 죽으셨다
무덤에 장사하였다
사랑한 자들이 새벽에 무덤을 찾아갔다
무덤의 문이 열렸다
수의가 그대로 있다
예수님은 보이지 않는다
천사들이 증언한다
산자를 어찌 죽은 자 가운데서 찾느냐
그가 살아나셨고
너희보다 먼저 갈릴리로 가신다
예수님은 무덤을 여셨다
사망과 음부의 권세를 깨뜨리셨다
부활의 생명으로 살아나셨다
성도에게 죽음의 비밀을 보여주시고
부활 생명을 주시기 위하여 살아나셨다
속죄의 제물로
율법의 저주를 속량하시고

부활 생명을 주시기 위하여
무덤의 문을 여셨다
누가 죽음을 이길 수 있나
누가 무덤의 문을 여실 수 있나
예수님 하나님의 독생자로
사망과 음부의 권세를 깨뜨리시고
무덤에 문을 여셨다
이 일을 기히 여기지 말라
무덤 속에 있는 자들이
하나님의 아들의 음성을 들을 때가 오나니
듣는 자는 살아나리라
절망의 무덤
모든 것이 끝나는 무덤
부활로 무덤의 문을 여셨다
그래서 믿는 자는 죽음을 이긴다
두려워하지 않는다
주님과 함께 부활 생명으로 영생하리라
땅 위에 썩어질 없어질 소망이 아니라
영원의 산 소망으로 세상을 이기는 것이다
부활 부활 부활

무덤에 문이 열렸다
믿음으로 네 인생의 부활 문이 열려라

21. 예수께서 또 이르시되 너희에게 평강이 있을지어다 아버지
    께서 나를 보내신 것 같이 나도 너희를 보내노라
22. 이 말씀을 하시고 그들을 향하사 숨을 내쉬며 이르시되 성
    령을 받으라 _ 요한복음 20장 21-22절

성령을 받으라

성육신
십자가의 죽으심
부활의 승리
목적은 임마누엘이다
성령을 주셔서
그리스도인 성도로
증인이 되게 하시는 것이다
안식 후 첫날
불안과 두려움으로 숨어있는 제자들
찾아오셔서 너희에게 평강이 있을지어다
보냄을 받은 나도

너희를 세상에 보내노라
너희가 성령을 받으라
너희는 나의 증인이 되리라
누구의 죄든지 사하면 사하여질 것이요
그대로 두면 그대로 있으리라
증인으로
사신으로
사도로
우리는 보냄을 받은 자들이다
너희는 온 천하에 다니며
만민에게 복음을 전하라
성령이 너희에게 임하시면 권능을 받고
예루살렘 그리고 땅끝까지 내 증인이 되라
성령을 받으라
성령을 받으라
임마누엘 하리라
두루 다니며
복음을 전할 때에 함께 하심으로
나타나는 표적으로
복음을 확실히 전파하리라

증인이 되라
전파자가 되라
네 생활 속에
그리고 땅끝까지
너를 만나는 사람들에게

31. 오직 이것을 기록함은 너희로 예수께서 하나님의 아들 그리스도이심을 믿게 하려 함이요 또 너희로 믿고 그 이름을 힘입어 생명을 얻게 하려 함이니라 _ 요한복음 20장 31절

오직 이것을 기록함은

성경은 예수님에 대한 기록이다
하나님의 지식
예수님의 지식
성령님의 지식
삼위일체의 지식으로
그리스도를 알고
믿음으로
그 이름으로 구원을 얻게 하시려고
보고 들은 사람들이
성령의 감동으로 하나님께 받아 기록한 것이다
정확무오한 하나님의 말씀으로

진리이다
성경은 언약의 말씀이다
구약_Old Testament
신약_New Testament
믿고 지키는 자에게 실상으로
나타나는 약속이다
성경은 예수 그리스도를 통한
속죄와 의인
자유와 해방
자녀의 권세
하나님의 상속자
임마누엘의 약속이다
성경을 알라
하나님의 신비
하나님의 이름으로 주신
기록된 말씀을 믿는 자에게
기록된 대로 구원에 이르는 복을 받는다

역사책이 아니고
도덕과 윤리도 아니고
학문의 대상도 아니고
믿음으로 살아가면 성취되는 약속이다
성경을 배우라
읽고 묵상하며 순종하라
예수가 그리스도이심을 믿으라
그리하면
임마누엘로
구원을 얻으리라

1. 그 후에 예수께서 디베랴 호수에서 또 제자들에게 자기를 나
   타내셨으니 나타내신 일은 이러하니라 _ 요한복음 21장 1절

디베랴 호수에서

갈릴리 바다
디베랴 호수
부활하신 후 또 찾으신 예수님
목자 없는 양 같이 길을 잃은 양들
실망 중에 바다에 희망을 걸고
그물을 내리는 제자들
밤이 새도록 수고했으나
한 마리도 잡지 못하고
실패를 체험한 제자들
오른편에 그물을 던지라
사랑의 음성
순종으로 넘치는 고기

그제야 눈을 뜬 제자들

두려움을 모르고 달려오는 베드로

아침 숯불에 준비된 고기

책망이 아니라 조반으로 평안을 주신 예수님

사랑은 말이 아니다

하나님의 사랑은 예수님이다

베드로를 향하여

이 사람들보다 나를 더 사랑하느냐

사랑은 끝이 없는 것

나는 어떻게 예수님을 사랑하고 있는가

베드로의 약함을 탓하던 나

주님이 나에게 물으신다면

어떻게 대답할 수 있을까

주여

주님이 원하시는 사랑을 주옵소서

찾아오신 예수님

그 사랑을

모든 것 다 버리고

십자가를 거꾸로 지고

갈 수 있는 사랑 그 사랑을

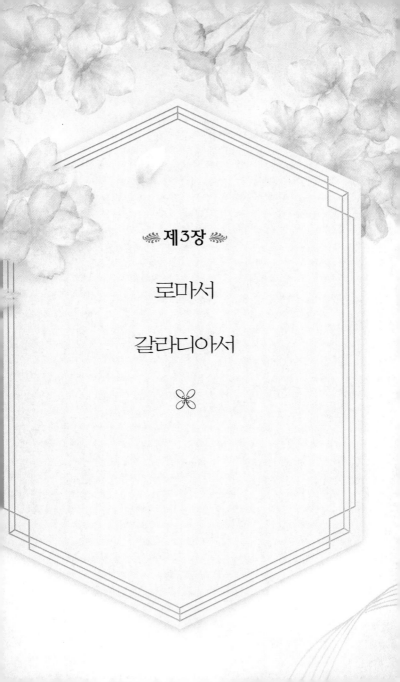

⫷ 제3장 ⫸

로마서

갈라디아서

1. 예수 그리스도의 종 바울은 사도로 부르심을 받아 하나님의
   복음을 위하여 택정함을 입었으니 _ 로마서 1장 1절

복음을 위하여

신앙은 포기하는것
자신을 포기하는것
비전
성공
명예
물질
권력
쾌락
문화
전통
유행
가문

아브라함처럼
바울사도처럼
부르심을 따라
신앙은 발견이다
최고의 발견이다
감추인 보화이다
복음의 발견이다

복음은
길이요
진리이요
생명이다
선택이 아니다
인생이 사는 길
인생의 성공이다
복음을 발견한 자는
모두를 포기하고 생명을 건다
인생의 목표가 복음이 된다
신앙은 공생애이다
내가 아닌 복음을 위해

예수님과 공생을 한다
성령님의 역사를 통해
육신적인 생각이 아닌
세상적인 생활이 아닌
복음적인 가치를 위해
하나님의 비전을 위해
부르심의 목적을 위해
살아가는 것 따라가는 것

신앙은 결단과 순종
복음을 위하여
포기의 결단
순종의 결단
순교의 결단
말씀을 따라
아브라함처럼
바울사도처럼
뒤를 돌아보지 않고
순종으로 따라가는 것
오 주여!

이 믿음으로
복음을 위하여
포기하게 하소서
결단하게 하소서
순종하게 하소서
공생애의 신앙을
살게하여 주소서
순교의 신앙으로

14. 헬라인이나 야만인이나 지혜 있는 자나 어리석은 자에게
    다 내가 빚진 자라
15. 그러므로 나는 할 수 있는 대로 로마에 있는 너희에게도 복
    음 전하기를 원하노라 _ 로마서 1장 14–15절

복음에 빚진 자

복음은 하나님의 예정
창세 전에 그리스도 안에서
하늘에 속한 신령한 모든 복을
은혜로 주시기 위한 은총이다
선택하시고
부르시고
믿음으로
거저 주시는
구원의 생명
주권적 은혜이다
비교될 수 없는 사랑

복음으로 주셨다
예정하신 대로
독생자 성육신
십자가로 완성
믿음으로 주시고
복음의 사람
하늘의 사람
영적인 사람
목적의 사람
소명의 사람
성령의 사람
비전으로 땅끝까지
복음을 전하는 사명
의무가 아니고 빚으로
나누며 살아야 할 사도로
복음의 능력을 주셨다
빚진 자로
사명자로
부름에 합당하게
유대인에게 헬라인에게

복음을 주어야 한다

복음은 구원을 주시는
하나님의 능력이다
전해야 한다
가까이
그리고 멀리 땅끝까지
평생을 갚아도 못갚는 은혜
받은 은혜
받은 복음
받은 사랑
잊어버리고
감각없이 살아온
이 죄인을 용서하소서
무디어진 가슴에
새 영으로 성령으로
소명의 불을 부으소서
평생 빚진 자로
복음의 나팔
복음의 발걸음

기쁨이 되게 하소서
보람이 되게 하소서
비전이 되게 하소서

18. 하나님의 진노가 불의로 진리를 막는 사람들의 모든 경건
    하지 않음과 불의에 대하여 하늘로부터 나타나나니

_ 로마서 1장 18절

진리를 막는 사람들

가장 불행한 사람들
죄 의식이 없는 자들
방종 타락이 생활인 자들
양심에 화인 맞은 자들
하나님을 일부러 부인하는 자들
창조의 역사에
자연의 신비에
특별한 역사로
계시되는 하나님
불의로 가로막고
육체의 욕구대로

쾌락을 기쁨으로
세상에 썩어질 것으로
하나님을 삼는 자들
하나님을 싫어하는 자들
고의적으로 부인하며 사는 자들
하나님의 유기된 자들
자기 마음대로
세상을 즐기고
음행의 노예가 되어
남자가 남자로
여자가 여자로
더러움을 행하고
자유를 방종으로
쾌락을 목적으로
인권을 주장하며
부끄러움을 자랑으로
멸망인줄 알면서
서로를 끌어들여
세력을 확장하고
세상을 어지럽히는 자들

교회를 멸하기 위하여
우는 사자같이
기회를 노리고
지상 교회의 약점을
악의적으로 폭로하고
거짓을 사실처럼
세상에 퍼트려
하나님의 이름을
욕되게 하고
부정하게 하고
돌을 던지게 하고
세상으로 등지게 한다
이들의 마지막은 불행이요
즐거움은 불행의 쾌락이요
죽고 또 죽어 멸망으로
세상에서도 실패 인생
영원히 저주로 멸망이라

믿음에 굳게 서서
마귀의 대적에

진리의 말씀으로
믿음의 역사로
사랑의 역사로
순교적 신앙으로
불의를 대적하는
교회가 되자
진리의 빛으로
생명의 빛으로
어둠을 몰아내는
교회로 높이 세워나가자
하나님의 이름의 영광을 위하여

1. 그러므로 남을 판단하는 사람아, 누구를 막론하고 네가 핑계
   하지 못할 것은 남을 판단하는 것으로 네가 너를 정죄함이니
   판단하는 네가 같은 일을 행함이니라 _ 로마서 2장 1절

판단하는 사람아

인간에게는 공의가 없다
다 치우쳐있다
이념과 사고가
언어와 행동이
속에서 나오는
자기의 중심이다
이념의 노예
사고의 틀에
빠져서 밖을 보지 못한다
편견의 감옥에 묶여있다
자신의 의견이 공의라 생각한다

인간은 판단할 수 없다
판단은 최고의 죄가 된다
공의의 기준은 하나님이시다
하나님만이 판단하신다
심판의 주님이시다
공의로우신 심판장이시다
인간은 반드시 심판대에 서게 된다
인간의 심판은 하나님을 대신하는 죄다

너가 누구이기에
남을 판단하느냐
판단으로 정죄를 받는다
죄라고 생각지 아니하는
그것이 큰 죄이다
판단하지 말자
정죄하지 말자
의를 자랑하지 말라
치우친 자신을 보라
중심이 누구인가
두려움으로

사고와 이념
언어와 행동
신앙과 의식
지켜나가게 하소서

오 !
주여 !
옳다고만 생각하며
바르다고 행동하며
판단하고 정죄하던
죄인줄 모르고
비판하고
판단하고
정죄하던
죄의 습관을
회개의 영으로
버리게 하소서
무의식 중에라도
비판하고 판단하지 않게
성령으로 거듭남을 주옵소서

10. 기록된 바 의인은 없나니 하나도 없으며 _ 로마서 3장 10절

의인은 없나니 하나도 없으며

의인은 없나니
하나도 없으며
참으로 불행한 선언이다
그러나 진리의 외침이다
인간 타락 이후
죄의 속성으로
태어난 인간은
종족이나
지역이나
국가를 초월
죄악의 문명과
문화와 역사를 만든다
우상의 문화

타락의 문화
육체의 욕구
땅의 것 추구
생활의 관습으로
자연스럽게 일반화되어있다
태국은 만남 인사
사회생활 가정의 생활
우상의 문화와 관습으로
일반화되어있다
세계 어느 민족에게나
토속적 신앙으로
우상의 문화로 종교를 가지고 있다
인간은
내면의 욕구에 따라
문화를 만든다
문화는 물과 같다
문화는 전통과 유행을 만든다

인간은 그 속에서 살아간다
자연스럽게 공전하며 살아간다
죄악이라고 타락이라고 느끼지 않는다
빛으로의 교회
진리의 등대로의 교회
문화와 관습에 흐려져 가고 있다
선교라는 명목으로
문화와 타협하며
불신앙의 문화가
교회와 공존하고 있다
땅의 것을 추구하고
문화를 합리화하고
자연스럽게 세속의 물결로
신앙이 침몰되어 가고 있다
외치는 자도 없고
채찍을 드는 자도 없고
깨닫는 자도 없고
다 치우쳐서 자기 길로
겉으로는 의로운데
회칠한 무덤이요

찾으시는 의인은
어디 있는가
의인은 없나니
하나도 없으며
다 문명에 치우쳐
불의로 정욕으로 가고 있나이다
어찌 하오리까
스스로 돌아올 수 없는 죄인을
긍휼과 자비를 베푸소서
생명의 주님이시여!
생명의 주님이시여!

21. 이제는 율법 외에 하나님의 한 의가 나타났으니 율법과 선
   지자들에게 증거를 받은 것이라 _ 로마서 3장 21절

하나님의 한 의

실패한 인간
축복의 언약
사랑의 언약
행위의 언약
회복의 언약
계명의 언약은
행위의 언약은
불순종 불법으로
불신앙 타락으로
죄 아래 저주 아래
영원히 실패자가 된 인생들
하나님의 한 의가
나타나셨다

새로운 언약

은혜의 언약

믿음의 언약

사랑의 언약

십자가 언약

예수 그리스도로

이루신 은혜의 복음

믿음으로 말미암아

누구에게나 차별이 없이

속죄하여 의롭게 하시고

영광에 이르게 하시는 사랑은

율법 외에 나타난 하나님의 의니라

불순종으로 죄악으로

살아온 지난 날들

새해를 맞이하는 이 아침에

한 해를 보내듯이 청산하고

율법 외에 세우신 하나님의 한 의

복음에 은총 십자가의 사랑
빛으로 모두에게 임하소서
생명의 빛이신 예수 그리스도
하나님의 복음이신 그리스도
내 인생에 이 민족의 인생에
모든 민족 위에 인생들
여호와의 이름으로
영광이 되소서
영광이 되소서
믿음으로 믿음에 이르게
오직 의인은 믿음으로
오 ! 하나님!
믿음에 이르게 하소서
구원에 이르는
의에 이르는
사명에 불타는
감격에 충성하는
삶이 되게 하소서
은혜가 되게 하소서
영광이 되게 하소서

3. 성경이 무엇을 말하느냐 아브라함이 하나님을 믿으매 그것
이 그에게 의로 여겨진 바 되었느니라 _ 로마서 4장 3절

성경이 무엇을 말하느냐

성경은 믿음을 설명하는 책
믿음이란?
어떻게 믿으며
어떤 역사가 일어나며
믿음의 결과와 축복은
모범적인 믿음의 사람
아브라함은 믿음의 조상이 되었다
아브라함이 하나님을 믿으매
그 믿음을 의로 여기셨다
보이지 않는 하나님
바랄 수 없는 중에
믿고 따르고

믿고 기다리고
실상으로 바라고
약속이 이루어져
축복의 조상 근원이 되었다
일을 아니할지라도
경건하지 아니한 자를
의롭다 하시는 이를 믿는 믿음
십자가의 아가페로
불법이 사함을 받고
죄를 인정하지 않는
하나님의 자비를 믿는
그 믿음이 믿음대로 복을 받는다
할례가 아니고
행위가 아니고
노력이 아니고
종교가 아니고
약속으로
실상으로
믿는 자에게
믿는대로 이루어주시는

하나님을 믿는 믿음이다

성경은
아브라함의 이 믿음을
선지자들의 이 믿음을
사도들의 이 믿음을
증거하고 있다
가르치고 있다
변함없는 진리
성경대로 믿고
약속대로 믿고
죄를 사함 받고
의인의 반열에서
자녀가 되는 권세
하나님의 후사가 되는
진리를 말씀하고 있다

하나님이시여 !
아브라함의
그 믿음을

이방인이요
불의의 사람
언약 밖에 사람
우상의 문화에서
부름받은 이 종에게
하나님을 믿는 믿음
찾는 자에게 상주시는
믿는 자에게 믿음대로
약속으로 믿는 그 믿음을
주시옵소서
내 의지가 아닌
성령님의 역사로
실상을 만들어가는
그 믿음을 주옵소서
하나님과 동행하는
아브라함의 믿음을

1. 그러므로 우리가 믿음으로 의롭다 하심을 받았으니 우리 주
   예수 그리스도로 말미암아 하나님과 화평을 누리자

_ 로마서 5장 1절

의롭다 하심을 받았으니

신앙은 신분의 변화다
죄인이 의인으로
육의 사람이 영의 사람으로
죄의 종이 하나님의 자녀로
멸망의 자식이 천국의 후사로
믿음으로 말미암아
주어지는 사랑의 역사
죄없다 의롭다 자녀다
하나님의 후사로 인쳐주셨다
믿음으로 말미암아
의롭다 하심 받았으니

이제는
하나님과 화목하고
성령으로 하나되어
의의 길로 가야 한다
환란 중에도
즐거움으로
인내하며
연단으로
소망을 이루어가는
꿈의 사람이 되라
의롭게 하시기 위하여
십자가의 제물이 되셨고
막힌 담을 헐어버리고
원수된 것을 소멸하시고
화목으로 하나되게 하사
자녀 삼으시고
후사를 삼으시니
이것이 하나님의 아가페라
사랑의 표적으로 십자가
불변의 언약으로 십자가

의인의 표적으로 십자가
바라보라
생각하라
그리고
화목하라
하나님과
이웃에게
믿음으로
행복하게
믿음으로 살게 하소서
사랑으로 실천하게 하소서
환란 중에도 즐거움으로
인내로 믿음으로 소망을 이루게 하소서

✞ 오늘의 말씀 밥상

1. 그러므로 이제 그리스도 예수 안에 있는 자에게는 결코 정죄함이 없나니 _ 로마서 8장 1절

그리스도 예수 안에 있는 자

창세 전에 하나님의 예정

구원의 역사

성육신

십자가

속죄의 피

언약의 피

뜻하신대로

흠이 없는 자녀

천국의 후사로

그리스도 예수 안에서

이루신 영광의 은혜

그러므로

그리스도 예수 안에

있는 자에게는

결코 정죄되지 않는다

그리스도 예수 안에 예정된

생명의 성령의 법이

죄와 사망의 법에서

해방 자유를 주셨다

십자가는

인간이 할 수 없는

율법의 저주에서

속량하는

하나님의 의

믿음으로

예수 안에

있는 자에게

의가 되게 하신다

그리스도 예수 안에

있는 자에게
그리스도 예수로
주시는 모든 은혜
하늘에 속한
신령한 모든 복
상속자로 세우신다
육신으로 할 수 없는
죄와 저주에서
속죄 속량 하시고
의인의 반열에서
해방과 자유로
자녀의 권세로
그리스도 안에서
주시는 은혜의 영광이다
해방된 우리
자유로 살아갈 우리
다시는 육신에 져서
죄의 종이 되지 말고
말씀의 사람으로
영에 속한 사람으로

하늘의 상속자로
살아가게 하소서
자유를
해방을
영광을
의에 합당하게
예정에 합당하게
그의 기쁘신 뜻대로
살아가게 하여 주소서

6. 육신의 생각은 사망이요 영의 생각은 생명과 평안이니라

_ 로마서 8장 6절

육신의 생각 영의 생각

생각은 그 인생이다
생각은 곧 인격이다
생각은 곧 미래이다
육신의 사람은 육신의 일을
육신의 일은 현저하다
눈에 보이는 것
세상을 따라
명예와 권력
탐욕과 재물
음란과 호색
사치와 허영
비판과 판단

불만과 갈등
이간질 파당
시기와 질투
교만과 허영
이것들로
하나님과 원수
순종할 수도 없고
진노의 자녀가 되고
하나님의 나라를
유업으로 받지 못한다
영적인 사람은 영의 일을
성령을 따라
사랑과 화평
온유와 자비
인내와 충성
양선과 겸손
순종과 절제

하나님의 기쁨
모두의 행복
자신의 행복
영적인 교제
경건의 신앙
내 안에 있는
그리스도의 영으로
부활의 소망을 가지고
진실과 신앙으로 살아간다
우리가 다
빚진 자로다
육신에 져서
육신대로 살면
반드시 죽는다
그러나
영으로
육신의 일을 죽이면
영원히 살리라
육신으로
살아가는 우리

문화와 환경 속에
살아가는 우리
거스리는 믿음
손해보는 믿음
바보같은 믿음
절대적인 믿음
순교적인 믿음을 주셔서
영으로 살게 하소서
믿음으로 살게 하소서
죽음으로 살아가게 하소서

28. 우리가 알거니와 하나님을 사랑하는 자 곧 그의 뜻대로 부
  르심을 입은 자들에게는 모든 것이 합력하여 선을 이루느
  니라 _ 로마서 8장 28절

하나님을 사랑하는 자

사랑은 아는 것이다
사랑은 믿는 것이다
부르심의 비전
은혜의 영광을
성육신의 사랑
십자가의 사랑
성령의 임재를
깨닫고 발견하고
사랑을 알고 사랑하는 자
하나님을 사랑하는 자이다
하나님을 사랑하는 자

사랑은 하나
믿음도 하나
생명도 하나
그 사랑으로
사랑하는 자에게
그리스도 안에
예정과 경륜이
이루어지고
영화롭게 하시고
영원히 사랑 안에
거하게 하신다
변하지 않는다
환란이나
곤고나
위험이나
적신이나
사망이나

어떤 피조물이라도
끊을 수 없는 사랑으로
영원히 사랑하신다
누가 우리를 대적하리요
누가 우리를 정죄하리요
의롭다 하신 하나님이
그 뜻하신대로
합력하여
선을 이루신다
나는 하나님을 사랑하는가
어떤 사람을 사랑하는가
하나님의 사랑을 아는가
깨닫고 있는가
내 안에 있는가
사랑하는 자가
사랑을 알고
사랑을 입는다
하나의 사랑
순정의 사랑
하나님의 사랑

목숨을 건 사랑
빠져버린 사랑
부르고 부르고
또 불러도
아쉬움뿐
나의 생명
나의 기쁨
나의 소망
눈물 눈물
감격 감격
내 사랑이게 하소서
한이 없는 사랑이게 하소서

9. 네가 만일 네 입으로 예수를 주로 시인하며 또 하나님께서
   그를 죽은 자 가운데서 살리신 것을 네 마음에 믿으면 구원
   을 받으리라 _ 로마서 10장 9절

네 마음에 믿으면

마음이 없어도 말할 수 있다
마음이 없어도 행동할 수 있다
마음이 없어도 예배할 수 있다
마음이 없는 것은
형식이요
위선이요
전통이요
습관이요
예배가 아니다
스스로 속는 종교 행위다
나의 교회 생활은 신앙인가

마음에 믿음이 있는가
마음에 사랑이 있는가
마음에 감사가 있는가
마음에 기쁨이 있는가
마음은 진실이다
마음은 중심이다
마음은 인생이다
마음은 생명이다
마음으로 믿으면 생명을 얻는다
마음으로 믿으면 시인하게 된다
마음으로 믿으면 행동하게 된다
직장에서 믿음으로
교회에서 믿음으로
관계에서 믿음으로
시인으로 믿음이 보여진다
시인으로 복음이 전파된다
시인으로 존경을 받게 된다

입으로 믿는 사람
행위로 믿는 사람
종교로 믿는 사람
전통적 믿는 사람
가문적 종교 행위
믿음이 아니다
생명이 아니다
실상이 아니다
스스로 속는다
위로를 받는다
기름 없는 등불이다
쭉정이 신앙이다
열매 없는 나무가지다
마음에 믿으면 구원을 얻으리라
하나님의 아가페를
십자가의 보혈을
성령의 임재를
부활의 영광을
재림의 소망을
새 하늘과 새 땅을

마음으로 믿고

입으로 시인하고

삶으로 시인하고

예배로 시인하고

전도로 시인하면

신앙이 이루어진다

주여 !

제 마음에 너무

많은 것이 채워져 있어요

갈등으로 고통을 받고 있어요

마음에 은혜의 영광이 없어요

예배의 기쁨이 없어요

기도의 믿음이 없어요

그냥 예배만

그냥 교회만

그냥 봉사만

그것이 주님 일이라고

스스로 위로하며

지나면 허탈한 자신

주님

성령으로
제 마음에 뜨거운 믿음으로
감사 감격의 눈물을
회복시켜 주세요
마음 속에서 믿음이 솟아나게

17. 또한 가지 얼마가 꺾이었는데 돌감람나무인 네가 그들 중
    에 접붙임이 되어 참 감람나무 뿌리의 진액을 함께 받는 자
    가 되었은즉 _ 로마서 11장 17절

접붙임이 되어

신앙은 결단이다
신앙은 버리는 것이다
신앙은 잘라버리는 것이다
가문의 족보를
아비와 친척을
고향의 미련을
인간의 육신적 사상을
세상적 지식과 경험을
구습과 전통과 유행을
미래의 희망과 비전을
온전히 잘라버리는 것이다

온전히 자르지 못하면 실패한다
신앙은 옛사람과 공전이 아니다
접붙임을 위하여
예수님과
길이요
진리요
생명이요
복의 근원이신 예수
예수 그리스도의 사람으로
예정된 하나님의 뿌리로
은혜와 사랑의 진액으로
살아가는 생명나무
참감람나무에
접붙임을 위하여
옛사람을 완전히
잘라버려야 한다
접붙임으로 하나되는 것
그리스도의 사람으로 살아가는 것
가루가 거룩하니 떡도 그러하고
뿌리가 거룩하니 나무도 그러하고

너희가 뿌리를 보전하는 것이 아니요
뿌리가 너희를 보전하리라
돌감람나무는
완전히 잘려야 한다
접붙임을 위하여
나는 잘려 있는가
내 인생의 의지가
내 인생의 근성이
접붙임에 성공했는가
곁가지는 나지 않았는가
완전히 잘라지게 하소서
공기가 들어가지 않게 하소서
예수 그리스도의 사람으로
그 안에서 그의 생명으로
뿌리의 진액으로 살게 하소서
뿌리의 거룩으로 거룩하게 하소서

1. 그러므로 형제들아 내가 하나님의 모든 자비하심으로 너희
   를 권하노니 너희 몸을 하나님이 기뻐하시는 거룩한 산 제물
   로 드리라 이는 너희가 드릴 영적 예배니라 _ 로마서 12장 1절

거룩한 산 제물로 드려라

말씀은 진리이다
말씀은 생명이다
말씀은 절대이다
말씀은 법이다
말씀은 명령이다
말씀은 선포이다
타협이 없다
믿음으로 순종해야 한다
사는 길이요 구원의 길이다
너희 몸을 하나님이 기뻐하시는
거룩한 산 제물로 드려라

명령이요 선포이다
거룩하게 하라
산 제물이 되라
하나님이 받으시는
영적 예배니라
이 세대를 본 받지 말라
구별 되게 하라
말씀을 따라 살라
생각을 바꾸라
하나님의 마음으로
사랑으로
영적으로
위에 것을
공동체를
이웃을
땅에 것을 생각하지 말라
안목의 정욕

이생의 자랑
교만과 우월
믿음으로 생각하라
지혜롭게 생각하라
불신을 버리고
원망과 불평을
감사로 일하라
겸손히 말없이
최선을 다하라
생활에서 빛을 비추라
있는 곳에서 맛을 내라
복음의 증인이 되라
예배는 있는데
열납이 없고
생활이 없고
기쁨이 없고
감사가 없고
전도가 없는
종교적 예배
이것이 제 모습입니다

예배 따로
생활 따로
교회 생활
사회 생활
따로 하는 불신의 생활
마음을 새롭게 하소서
변화를 받게 하소서
세대를 본받지 말고
거룩하게 하소서
회개의 영을 주소서
기쁘신 뜻 온전하신 뜻을
따라 살아가게 하소서

6. 우리에게 주신 은혜대로 받은 은사가 각각 다르니 혹 예언
   이면 믿음의 분수대로 _ 로마서 12장 6절

내게 주신 은혜대로

신앙은 하나님과의 관계이다
은혜의 관계
사랑의 관계
은혜로 구원받고
은혜로 은사 주시고
은혜로 살게 하신다
받은 은혜 감사하고
받은 대로 생각하고
받은 대로 말하고
받은 대로 봉사하고
받은 대로 나누는 것이 신앙이다
내가 받은 은혜

우리가 받은 은혜

각각의 은사대로

맡은바 직분대로

한몸의 지체되어

믿음의 공동체로

교회의 공동체로

그리스도의 몸을 세워가는

하나님의 교회가 신앙생활이다

은혜를 받은 대로

은사를 받은 대로

섬기는 일로

구제하는 일

가르치는 일

기도하는 일

전도하는 일

다스리는 일

받은 은혜대로

자기 자리에서
서로 존중히 여기고
생각 이상의 생각을 품지 말고
은혜에 합당하게 생활하라
은혜를 잊어버리고
자신의 의지와 생각
자기의 지식과 경험
자기의 열정과 신앙
오 주님 !!!
얼마나 서로에게 상처를 주고
교회를 위한다고 어지럽게 하고
교회가 교회되지 못하게 하였습니다
내가 받은 은혜를
내가 받은 은사를
잊어버리고 생각 이상의 생각이
나를 이용하였습니다
이제는 내가 받은 은혜대로
성령의 인도를 따라
성령의 주시는 은혜로
있는 자리에서 자기 일을 하게 하소서

9. 사랑에는 거짓이 없나니 악을 미워하고 선에 속하라

_ 로마서 12장 9절

사랑엔 거짓이 없나니

사랑엔 거짓이 없다
사랑은 진실이다
사랑은 믿음이다
사랑은 행복이다
사랑은 선행이다
사랑은 아름다움이다
사랑은 모두의 행복이다
사랑은 기쁨이다
사랑은 화평이다
인내와 겸손이다
악의가 없다
원수가 없다

욕심이 없다
바보가 된다
사랑이 없는 것은 죄악이다
사랑이 없는 것은 불신이다
사랑이 없는 것은 거짓이다
형식이요
종교행위요
스스로 속는 불행이다
부지런하자
열심을 품자
서로에게 필요를
기쁨으로 공급하자
덮어주며 이해하고
우애하고 존경하며
함께 웃고 함께 울고
마음을 같이하며
낮은데 처하며
서운함을 품지 말고
선행으로 갚아주라
내 마음에 이 사랑

위선이 아닌 진실의 사랑
믿음의 사랑 기쁨의 사랑
감사의 사랑 행복한 사랑
우애의 사랑 긍휼의 사랑
가슴에서
마음에서
강물처럼 흘러나게 하소서
성령의 기쁨으로 하게 하소서
넘치는 행복으로 살아가게 하소서

오늘의 말씀 밥상

8. 피차 사랑의 빚 외에는 아무에게든지 아무 빚도 지지 말라
   남을 사랑하는 자는 율법을 다 이루었느니라 _ 로마서 13장 8절

사랑의 빚 외에는
아무 빚도 지지 말라

인생은 누구나 다 빚진 자이다
사랑의 빚이다
갚아도 갚아도 다 못 갚는
부모님의 사랑
형제간의 사랑
사제간의 사랑
친구지간 사랑
성도간의 사랑
이웃과의 사랑
숨겨진 자들의
의료진 과학자

국방 치안 행정
모든 분야의 수고자들
이들이 있기에
오늘 내가 있는 것이다
불만보다는 감사로
사랑해야 할 의무로 살아야 한다
부지런하고
열심을 품고
모두에게 필요를
나눌 수 있는 인생
부담이 되고
걱정이 되고
거침이 되는
인생이 되지 말자
서로 우애하고
존경하기를 먼저하고
겸손함으로 섬겨주고

모든 사람과 화평하고
서운한 마음 품지말고
불평과 불만 품지말고
믿음의 덕을 베풀고
칭찬과 격려로 위로하고
사랑을 실천하려고 노력하자
사랑은 차별이 없다
사랑은 진실이다
사랑은 누구에게나 있다
주면 줄수록 부요해진다
믿음은 사랑이다
사랑은 믿음이다
하나님께 받은
십자가의 사랑
아가페의 사랑
이 사랑으로
사랑해야 할 빚진 자
원수에게라도
모두에게
언제나 하나님을

본 사람이 없으되
서로 사랑하면 하나님이
그 사랑 안에 계시나니
사랑하는 자는 하나님 안에 있고
사랑하지 않는 자는 하나님이 없느니라
사랑에 빚진 자로
누구에게나
욕심을 버리고
교만을 버리고
자아를 버리고
겸손의 사랑으로
섬김의 사랑으로
살게 하여 주세요
빚진 자로 !!

7. 우리 중에 누구든지 자기를 위하여 사는 자가 없고 자기를
   위하여 죽는 자도 없도다 _ 로마서 14장 7절

자기를 위하여 사는 자가 없고
자기를 위하여 죽는 자도 없도다

신앙의 본질은 이타주의
인생의 중심이
하나님이시고
우리가 되고
네가 되고
삶의 내용이다
소명으로
옛사람에서
새사람으로
육의 사람에서
영의 사람으로

땅의 사람에서
하늘의 사람으로
형이상학적 인생으로
죄와 허물로 죽은 우리
영원한 진노의 멸망
긍휼의 풍성한 사랑
십자가의 희생
예정의 경륜
소명의 은총
주권적 은혜
부활의 생명으로
영생의 은총으로
새 하늘 새 땅
그 영광의
주인공이 된 우리
살아도 주를 위해
죽어도 주를 위해

위에 것을 생각하고
땅에 것을 잊어버리고
오직 주의 뜻을 따라
살기도 하고
죽기도 하고
사랑을 따라
소명을 따라
복음을 위해
이웃을 위해
헌신된 우리
행복하게 살고
행복하게 죽는
의미있는 인생
신앙의 사람 믿음의 사람
욕심으로
자아 중심으로
정욕을 위하여
분을 내며
다투며
상처주며

복음을 거스리고
교회에 거침이 되고
맛을 잃어버리고 살아온
나 자신이 부끄럽습니다
초월의 신앙으로
이타주의 인생
이타주의 신앙
맛을 알게 하소서
행복을 알게
믿음을 알게

17. 하나님의 나라는 먹는 것과 마시는 것이 아니요 오직 성령
    안에 있는 의와 평강과 희락이라 _ 로마서 14장 17절

하나님의 나라는

하나님의 나라는
하나님이 다스리는 나라
공의와 진실
자유와 평화
거룩한 영광
사랑의 행복
섬김의 기쁨
형제의 우애
거짓이나
불의가 없고
욕심이 없고
미움이 없고

사랑만 있고
하나님이 중심이 되고
공동체가 중심이 되고
거룩함이 중심이 되고
하나님의 빛으로 사는
영생의 나라 영원한 나라
찬송이 있고 감사가 있고
의와 희락과 평강이
성령으로 충만한 나라이다
세상에 속하지 않은 나라
우리의 시민권이 여기에 있다
그래서
우리의 비전은 하나님의 나라다
우리 안에 세워지는 하나님 나라
세상의 즐거움이나
명예나 권력이나
정욕의 안목이나

이생의 자랑이나
시기나 다툼이나
사치와 향락이나
버려야 한다
거룩한 나라
영광의 나라
빛으로 충만
생명의 나라
평화의 나라
더러운 것이나
누추한 것이나
부정한 것이나
이런 것들은 들어가지 못한다
우리의 시민권은 하늘나라
거기로서 우리의 구원자
주 예수 그리스도를 기다리노니
우리의 낮은 몸을 자기의 영광의
형체로 변하게 하시리라
하나님의 나라
법대로 살아야 한다

참된 자유는
참된 평화는
참된 행복은
자기의 생각대로 하는 것이 아니다
법 안에서 자기를 다스리는 것이다
하나님 나라의 법을 지키지 못하면
하나님 나라의 복을 받을 수가 없다
우리는 하나님 나라 백성이다
지금 나는 천국 백성이라는
의식으로 살아가고 있는가
비전이 하나님 나라에 있는가
무엇을 위하여 기도하고 있는가
무엇을 위하여 살아가고 있는가
무엇 때문에 고민하고 있는가
스트레스 받는 원인이 무엇인가
그날이 오면
다 헛되고
헛되고 썩어지고
허무로 탄식하게 될
한 줌의 흙

나는 지금 무엇을 위해
동분서주하고 있나
주여 !!
깨달음의 영을 주옵소서

7. 그러므로 그리스도께서 우리를 받아 하나님께 영광을 돌리
   심과 같이 너희도 서로 받으라 _ 로마서 15장 7절

너희도 서로 받으라

믿음의 내용은 사랑이다
사랑은 이해 용서 긍휼
같이함 인내 온유 자비
받아주는 것이다
약한 자를
원수라도
일으켜주고
붙들어주고
받아주고
같이하고
채워주고
마음을 주고

사랑을 주고
믿음을 주는 것이
믿음의 사랑이다
약한 자를 붙들어주고
실수를 덮어주고
마음을 같이하고
필요를 채워주고
기쁨을 같이하고
슬픔도 같이하고
자기의 이익을 구하지 아니하고
이웃의 유익을 위하여 희생하는
믿음이 사랑이요
온전한 믿음이다
십자가는 대속의 증표이다
그리스도께서우리를 대신한
저주요 형벌이요 죽음이다
죄인을
원수를
구원하시는
사랑의 희생

두 팔로 받으시고
의인으로 천국 백성으로
하나님께 드려 자녀 삼으신
아가페를 실현하신 그리스도
믿음 생활
교회 생활
전도 생활
그러나
내 마음에 상처가
가시처럼 남아있다
용서하지 못할 사람
잊혀지지 않는 사건
받아줄 수 없는 사람
내 마음에 십자가를 주소서
나의 유익보다 형제의 유익을
자신의 기쁨보다 이웃의 기쁨을
믿음의 행복으로
믿음의 사랑으로
받아주는 삶이 되게 하소서
마음을 같이 하고

뜻을 같이 하고
형제의 우애로
함께하는 화목한
신앙생활 되게 하소서

✝ 오늘의 말씀 밥상

1. 내가 겐그레아 교회의 일꾼으로 있는 우리 자매 뵈뵈를 너희에게 추천하노니 _ 로마서 16장 1절

교회의 일꾼

교회는 하나님의 집
진리에 기둥과 터
그리스도의 몸
하나님의 성전
예배가 있고
말씀이 있고
찬양이 있고
기도가 있고
교제가 있고
성령의 역사
사랑의 역사
변화의 역사

치료의 역사
구원의 역사
세상의 빛으로
세상의 소금으로
지상에서 세워가는
하나님의 나라이다
일꾼
집사_doolos
일하는 사람
하나님의 성전을
하나님의 나라를
세워가는 일꾼들
종으로의 청지기
믿음의 터 말씀으로
그리스도의 사랑으로
하나의 성전을
만들어가는 일꾼
말 없이 맡은 일에
성령 안에 하나님이 거하실
성전을 세워가는 자들 일꾼들

목사 장로 집사

교회의 일꾼들

일하는 사람들

종들_dulos

청지기들

반석 위에

진리의 기둥으로

성전을 세우는 자

망치의 소리 없이

자기의 은사대로

세워가는 하나님 나라

새 하늘과 새 땅으로

새 예루살렘으로

영원히 세워가는

천국의 일꾼들

교회 안에서

직분으로

목에 힘을 주고

주인으로 행세

천국보다 현실을

명예나 권리처럼
자기를 나타내려는

주님 !
일꾼
종인데
청지기
다투고
비판하고
판단하고
정죄하고
위선자로
자신을 속이며
자기를 위하여
섬기는 것처럼
마음을 속이고
받으려 몸부림치던
이 죄인을 용서하소서
일꾼으로
다 내려놓고

다 비우고
브리스길라와 아굴라처럼
감사와 기쁨으로
모든 것 헌신으로
행복한 일꾼으로
종으로의 기쁨을
청지기의 기쁨을
회복하고 행복하게
자유를 누리게 하여 주소서
신앙에 행복을 누리게 하여 주옵소서

4. 그리스도께서 하나님 곧 우리 아버지의 뜻을 따라 이 악한
   세대에서 우리를 건지시려고 우리 죄를 대속하기 위하여 자
   기 몸을 주셨으니 _ 갈라디아서 1장 4절

하나님 우리 아버지의 뜻을 따라

복음은 하나님 아버지의 뜻
그 뜻을 따라 그리스도께서
성육신 하셨다
인간의 육체로
죄인의 모습으로
비하의 모습으로
고난의 인생으로
저주의 십자가로
저주의 고통으로
죽음을 체험으로
부활의 영광으로

속죄의 뜻을 이루셨다
사랑의 뜻을 이루셨다
아버지의 뜻을 따라
율법의 요구를 이루셨다
율법을 완성하시고
속죄를 선포하셨다
사랑을 선포하셨다
복음을 선포하셨다
예수님의 첫 외침
때가 찼고
하나님 나라가
가까이 왔으니
회개하고 복음을 믿으라
복음을 이루셨다
아버지의 뜻을 따라
복음을 믿으라
복음은 사랑이다

사랑은 예수 그리스도
사랑은 여기 있으니
우리가 사랑한 것이 아니요
하나님이 우리를 사랑하사
자기의 독생자를 화목 제물로 주시니라
독생자를 주심은 우리를 살리려 하심이라
아버지의 뜻을 따라
복음을 믿기만 하면
속죄 받고
의인 되고
자녀 되고
하나님의 상속자가 되고
새 하늘과 새 땅의 주인되고
영생으로 영원히 영광이 되리라
나는 아버지의
깊은 뜻을 아는가
깊은 뜻을 믿는가
무엇을 위하여 살았는가
복음보다 눈에 보이는 것
육신의 감정과 이성으로

복음을 잊어버리고
형식적으로
종교적으로
감사가 없이
감격도 없이
습관적인 의무적인
믿음이 아니었습니다
사랑이 아니었습니다
오 주님 !!
믿어지는 믿음
감격하는 믿음
결단하는 믿음
순교하는 믿음
아버지의 뜻을 따라
살게 하소서
아버지의 뜻으로
자유를 누리게 하소서

11. 형제들아 내가 너희에게 알게 하노니 내가 전한 복음은 사
    람의 뜻을 따라 된 것이 아니니라 _ 갈라디아서 1장 11절

내가 전한 복음은

복음은 기독교의 내용이다
복음은 우리의 신앙이다
복음은 하나님의 은총이다
창세 전에
예비된 사랑
긍휼의 사랑
아가페 사랑
구원을 위한
하나님의 주권
아브라함을 부르신
구원의 역사
예정과 선택

그리스도 안에서
복음은
하늘에 속한 모든 신령한 복
그의 기쁘신 뜻대로
그의 사랑 안에서
거룩하고 흠이 없는
자녀들이 되게 하시고
생명과 경건의 능력으로
영원한 영광에 들어가게 하시고
은혜의 영광을 찬양하게 하심이라
복음은
하나님 은혜로
예정하신 대로
믿는 자에게 거저주시는
선물이다
율법이나
절기나

행위나
예배나
공로나
경건이 아니요
그리스도로 이루신
구원의 사랑을 믿는 자에게
예비된 하나님의 선물이다
복음을 교회 생활에서
종교적 행위나
직분에 의하여
자기의 열심으로
흔적을 남김으로
이름이 알려짐으로
복음을 믿는다고 착각하고
구원을 얻는 노력으로
앞서가려던 잘못된 신앙을
내 열심으로 열심한 무지를
용서해 주세요
복음은 은혜로만
예정된 사랑으로

이루어짐을 믿게 하소서

은혜의 영광을 찬양하게 하소서

16. 사람이 의롭게 되는 것은 율법의 행위로 말미암음이 아니요 오직 예수 그리스도를 믿음으로 말미암는 줄 알므로 우리도 그리스도 예수를 믿나니 이는 우리가 율법의 행위로써가 아니고 그리스도를 믿음으로써 의롭다 함을 얻으려 함이라 율법의 행위로써는 의롭다 함을 얻을 육체가 없느니라

_ 갈라디아서 2장 16절

사람이 의롭게 되는 것은

의롭다
죄가 없다
속죄로 인하여
의인이 되었다
거룩함에 이르렀다
합법적으로 무죄의 선고
하나님의 자녀가 되었다
천국의 유업을 얻을 자다
의롭게 되는 것이

율법으로 되는 것이
의식으로 되는 것이
행위로 되는 것이 아니다
도덕으로
전통으로
종교 행위로
선행으로
고행으로
결코 아니다
오직
예수 그리스도를
믿음으로 말미암아
의롭게 되나니
율법의 행위로는
의롭다함을 얻을 육체가 없나니

스스로 속는 종교

위선적 율법 행위
전통적 종교 의식
생명이 없는 신앙
감사가 없는 예배
믿음이 없는 기도
긍휼이 없는 사랑
사랑이 없는 구제
외식은 믿음이 아니다
외식은 스스로 죄이다
자신을 이웃을 속이는 죄
그 속에 하나님이 없다
자신의 의만이 있다
종교적 행위만 있다
경건의 모양만 있다
결코 행위로는 의롭게 될 수 없다

바울은 고백한다
나는 그리스도와 함께
십자가에 못박혀 죽었다
이제 내가 사는 것은

내 안에 그리스도께서
사시는 것이라
내가 육체 가운데 사는 것은
나를 사랑하사 죽으시고
살려주신 그리스도를 믿는
믿음으로 사는 것이라
믿음은 연합이다
그래서
그리스도와 함께 죽는 것이다
그리고 함께 사는 것이다
내가 사는 것이
내 맘대로 사는 것이
불신이요 죄가 된다
사람이 의롭게 되는 것은
그리스도를 믿음으로 하나되는 것
오직 믿음으로 살아가는 것

열심으로 교회 생활이
내 종교는 아니었는가
내 의를 위한 열심이었다

보이기 위한 외식이었다
체면을 위한 위선이었다
그리스도와는 상관이 없는
믿음과는 거리가 먼
자신의 위안과
평안을 위하여
믿음 같은 믿음이 아닌
사랑 같은 사랑이 아닌
위선과 거짓을
회개합니다
내가 하던 모든 것
내가 아닌 주님이
하게 하소서
내려 놓게 하소서
내가 죽어야 의롭게 되는
믿음으로 살게 하소서

11. 또 하나님 앞에서 아무도 율법으로 말미암아 의롭게 되지
    못할 것이 분명하니 이는 의인은 믿음으로 살리라 하였음이
    라 _ 갈라디아서 3장 11절

의인은 믿음으로 살리라

그리스도께서 우리를 위하여
십자가의 저주를 받으사
율법의 저주에서 속량해 주셨다
때가 되어 하나님이 그 아들을
여자에게서 나게 하시고
율법 아래에 나게 하신 것은
우리로 아들의 명분을 얻게 하려 하심이라
이는 이방인인 우리에게
아브라함의 복을 주시고
약속의 성령을 주려 하심이라
이제는 종이 아니요

아들이니 아바 아버지라
자녀이면 또한 후사라
믿음은 사실을 사실로
믿는 것이요
믿음은 실상이다
약속을 사실로
믿는 자에게
실상으로 나타난다
의인은 믿음으로 산다
기독교는 종교가 아니다
행위로 율법을 지키고
경건한 의식과
선행으로 덕을 쌓고
고행으로 수련하고
속세를 떠난다고
의로워지는 것이 아니다
하나님의 긍휼의 사랑
아가페의 십자가 사랑
믿음으로
속죄받고

의인되고
자녀되고
후사되고
성령으로 임마누엘
세상을 이기고
죄의 유혹 이기고
육신의 욕망을 이기고
신앙의 승리를 가져오게 된다
주여 !
믿음을 주옵소서
실상을 만드는 믿음을
인내로 성취되는 믿음을
최후에 남는 자 되어
시온산에서 은혜의 영광을
찬양하게 하소서
오직 믿음
의인은 믿음으로 살리라

4. 때가 차매 하나님이 그 아들을 보내사 여자에게서 나게 하시고 율법 아래에 나게 하신 것은 _ 갈라디아서 4장 4절

때가 차매

우연은 없다
하나님의 계획 예정
창세 전의 작정 경륜
정확 무오 말씀 약속
선지자들로
성경으로
계시대로
때를 따라
구원의 역사를
이루어가신다
아브라함을 부르시고
이스라엘을 세우시고

구원 계획을 예정대로
때가 차매 그리스도를 보내시고
죄의 불행을 체험하게 하시고
십자가로 속죄 속량을 이루시고
무덤에 장사 지낸 바 되게 하시고
부활의 새 생명으로 완성하시고
우리와 하나님의 의를 이루시고
구원의 영광을 선포하신 하나님
때를 따라
하나님의 시간으로
성령님을 보내시고
교회를 세우시고
구원의 역사를 온 세상에
선포하셨다
예루살렘과 유다와 땅끝까지
복음에 증인이 되게 하셨다
때가 차면

온 세상에
모든 민족에
증거될 것이고
그의 약속대로
그리스도는 재림하신다
만왕의 왕으로
심판의 구주로
영광의 보좌에
하늘 구름을 타고
하나님의 나팔소리와
천군천사들의 우렁찬 노래
그때에
모든 민족이 볼 것이요
그로 인하여 애곡하리라
때가 차오고 있다
지혜있는 자는 깨달을진저
어떤 사람이 되어야 마땅한가
그 날과 그 시는 아무도 모르나니
나는 지금 어디 있나
문명의 바벨론에 취해

광야를 외면하고
겟세마네를 외면하고
십자가를 외면하고
포도주의 즐거움 속에
만족하고 있나
뜨겁지도 차지도 않은
믿음으로 방황하는 죄인을
용서하옵소서
때가 차옴을 보게 하소서
때가 가까이옴을 깨닫게 하옵소서

30. 그러나 성경이 무엇을 말하느냐 여종과 그 아들을 내쫓으
라 여종의 아들이 자유 있는 여자의 아들과 더불어 유업을
얻지 못하리라 하였느니라 _ 갈라디아서 4장 30절

여종과 그 아들을 내쫓으라

약속은 인내이다
믿음은 약속이다
육신의 유혹을
이론과 상식을
경험과 지식을
환경과 문화를
버리고
오직 말씀
약속을 바라보고
기다리는 것이다
춘향이 목숨을 걸고

이몽룡을 기다리는 절개처럼
보이는 세상 가치관
자아의 경험 자신감
세상적 이론 상식을
다 버려야 한다
온전히 버려야 한다
공전은 믿음이 아니다
이해와 양보는 믿음이 아니다
아브라함에게
여종 하갈과 그 아들
내어쫓으라
이스라엘에게
가나안의 족속을
다 내어쫓으라
구습을 좇는 옛 사람을
내어쫓으라
이론과 상식을

지식과 경험을
내어쫓으라
그것이 네 올무가 되고
옆구리에 가시가 되리라
육신의 행위로
율법의 행위로
종교적 예배로
경건에 이르고
의롭게 되고자
자기의 열심을
자아와 함께 내어쫓으라
결코 의롭게 될 수 없느니라
교단과 교리
헌법과 규칙
인간의 열심
진리의 신앙으로
지키는 자들 그것이
올무가 되고 가시가 되어
스스로 죽게 되리라
믿음으로 은혜로

사랑으로 감사로
말씀으로 겸손히
순종으로 믿음을
지키는 자들이 유업을 받게 된다
육신은 유업을 받을 수 없다
아직도 내 안에
내 의지와 경험이
내 지식과 상식이
내 습관과 전통이
믿음을 은혜를
다스리고 있어요
계집종과
그 아들을
쫓아내주시옵소서
성령 안에서
믿음의 자유
은혜의 자유
유업을 소망하며
신앙의 행복을 누리며
살게 하옵소서

16. 내가 이르노니 너희는 성령을 따라 행하라 그리하면 육체
   의 욕심을 이루지 아니하리라 _ 갈라디아서 5장 16절

성령을 따라 행하라

신앙은 떠나는 것이다
신앙은 버리는 것이다
신앙은 싸우는 것이다
성령이냐
육체이냐
육체로 살면
반드시 죽는다
육체 일은 분명하다
육체의 욕구대로
음행과 정욕과 욕심
분쟁과 시기와 질투
교만과 투기와 방탕

영이 죽고 천국을
유업으로 받지 못한다
성령을 따라 살라
성령의 사람은
사랑 희락 화평
온유 양선 온유
자비 충성 절제
풍성한 신앙의 행복
이웃에 풍성한 행복
속죄의 기쁨을
자유의 기쁨을
천국의 기쁨을
누리며 산다
성령을 따라 살라
성령은
하나님의 영
그리스도의 영

부활 생명의 성령
성령이 없는 자
따르지 않는 자
그리스도의 사람이 아니다
그리스도인은 육체와 탐심을
십자가에 못박아 죽은 자들이다
출애굽하라
세상에서
육체에서
홍해를 건너라
광야로 달려라
말씀을 믿으라
구름기둥 불기둥
믿음으로 따르라
광야같은 이 세상
성령의 감동으로
말씀을 따라 살라
육체를 따라 살면
반드시 죽는다
그럼에도

두려움을 모르는
저주의 불 지옥을
느끼지 못하며 사는 죄인
사실로 가까이 오는데
외면한 채 잊어버리고
육체의 욕심으로
살아온 이 죄인을
용서하여 주옵소서
회개로 바꿔지게 하소서
목숨을 건 출애굽이 되게 하소서
성령으로만 살게 하옵소서

2. **너희가 짐을 서로 지라 그리하여 그리스도의 법을 성취하라**

_ 갈라디아서 6장 2절

짐을 서로 지라

세상에는공짜가 없다
심는 대로
뿌린 대로
베푼 대로
열매를 맺는다
눈물로 뿌리는 자는
기쁨으로 단을 가져 오리라
선을 행하다 낙심하지 말지니
때가 되면 거두리로다
공의의 하나님이시다
무엇으로 심든지
그대로 거두리로다

육체를 위하여 심는 자는
육체로부터 썩어질 것을
성령으로 심는 자는
성령으로부터 영생을
스스로 자기를 살피라
그리고 자기 짐을 지라
겸손으로
사랑으로
서로 짐을 지라
십자가의 도를 행하라
연약한 자를 붙들어주고
실수와 허물을 덮어주고
자신이 시험에 들지 않게
교만하지 말고
사랑과 용서로
붙들어주어서
실족치 않고 자기 길을 가게 하라

그리스도의 마음을 가지고
그의 짐을 져주는 사랑을 하라
우리의 몸에서
예수님의 흔적이
십자가의 흔적이
만나는 사람마다
일하는 자리에서
나타나게 하소서
아름답게
스쳐간 자리가
있는 자리에서
십자가의 사랑으로
서로의 짐을 지게 하소서
그리스도의 법을 성취하게 하소서

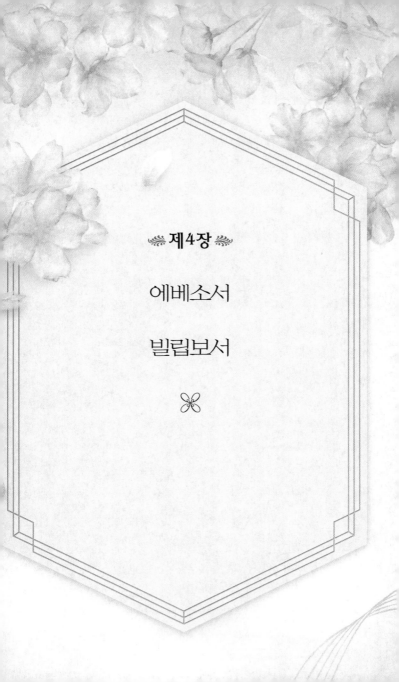

�_ 제4장 _🌿

에베소서

빌립보서

✿

🐟 오늘의 말씀 밥상

1. 하나님의 뜻으로 말미암아 그리스도 예수의 사도 된 바울은
   에베소에 있는 성도들과 그리스도 예수 안에 있는 신실한 자
   들에게 편지하노니 _ 에베소서 1장 1절

하나님의 뜻으로

신앙은 내 뜻이 아니다
부르심의 경륜이다
이것을 소명의 비전이라 한다
아브라함의 부르심은
예정과 경륜에 의한
주권적 은혜이다
순종함으로 따르는 것이
신앙이요 믿음이다
인간 구원의 예정을 따라
아브라함을
야곱을 부르시고

이스라엘을 세우셨다
이 뜻을 이루기 위해
예수님은 오셨다(요 6:38)
십자가와 부활 승천은
하나님의 뜻으로
구원의 완성이다
지금도 예정을 위한 부르심은
계속되고 있다
바울이 사도된 것도
하나님의 뜻으로
이방인의 사도로
복음을 전하는 것도
바울이 아닌
하나님의 뜻으로
교회는 하나님의 뜻이다
믿음도
목사가 된 것도
장로나 직분자가 된 것도
내 뜻이 아니다
하나님의 뜻을 따라(벧전 5:2)

믿음은 이 뜻에 순종하는 것
자신의 생각 감정 비전은
믿음이 아니다
기도의 내용은
뜻이 하늘에서 이룬 것같이
나에게 이루어지이다
이것이 믿음의 생활이다
하나님의 뜻으로
말미암아 사도된 바울은
뜻을 따라 살았다
내 뜻이 아닌
하나님 뜻으로 말미암아
자녀 천국 시민된 우리
그 뜻을 따라 사는 것이다
자신의 뜻대로 하는 것은
불신앙이요
배신이요
육에 속한 사람이다
하나님의 뜻대로
믿음으로

속죄 속량

의에 이르고

자녀가 된 성도

자신을 위해

뜻을 따라 순종하라

비움이든 고난이든

십자가든 순교이든

부활의 영광

부활의 생명

새 하늘 새 땅

새 예루살렘

주님과 함께

영생 하리라

하나님의 뜻으로 말미암아

할렐루야 아멘 !!

3. 찬송하리로다 하나님 곧 우리 주 예수 그리스도의 아버지께
   서 그리스도 안에서 하늘에 속한 모든 신령한 복을 우리에게
   주시되 _ 에베소서 1장 3절

신령한 복

모든 신령한 복
하늘에 속한 것
보이지 않는 것
영적인 모든 것
영원히 있는 것
인생의 모든 것
창세 전에 예비하신 것
하나님의 기쁘신 뜻대로
예정하신 사랑으로
성육신으로
십자가의 보혈로

흠이 없고 거룩한
아들들로 후사로
창세 전에 예정으로
은혜의 영광에 들어가게 하신
아가페의 사랑
아가페의 은혜
은혜의 영광을 찬양하라
하나님을 아버지로
하나님의 아들로
예정하신 은혜를
현재와 영원히
누리게 하신 복
자녀의 권세로
이름의 능력으로
자신을 정복하고
세상을 정복하고
행복을 누리며 살라
하늘에 속한 모든 신령한 복
찬양하라
그 은혜의 영광을

감사하라
창세 전의 예정을
기쁨으로
누리며 살라
흠없고 거룩한 자녀같이

10. 하늘에 있는 것이나 땅에 있는 것이 다 그리스도 안에서 통
일되게 하려 하심이라 _ 에베소서 1장 10절

그리스도 안에서 통일

창세 전의 예정이다
그리스도 안에서
하늘에 속한
모든 신령한 복을
우리를 택하시고
거룩하고 흠이 없게 하시고
자녀를 삼으시고
은혜의 풍성으로
속량 곧 죄사함
모든 지혜와 총명으로
그 뜻의 비밀을 알게 하셨다
하늘에 있는 것이나

땅에 있는 것이나
그리스도 안에서
통일되게 하셨다
그리스도의 비하
종의 형체 육신으로
죽기까지 순종
십자가의 죽으심
하늘과 땅의 모든 권세
하늘이나 땅 아래
모든 이름이
그 이름 아래
무릎을 꿇게 하시고
그 이름으로 통일되게 하셨다
그 이름의 권세로
하늘과 땅을 다스린다
보이는 것 보이지 않는 것
바다의 풍랑도

자연의 이치도
영적인 세계도
인생의 역사도
사상의 다양성
이념과 신념도
그 이름으로 통일되게 하신다
예수 그리스도 이름이면 된다
믿음의 역사
기도의 응답
표적과 기사
인생의 성공
치유와 건강
지혜와 총명
그 이름으로
예수 그리스도로
통일되게 하신다
그 이름으로
기도하라
선포하라
환경을 이겨라

귀신을 쫓아내라
질병의 사슬을 풀어라
가난의 사슬을 풀어라
부정의 사고를 물리쳐라
예수 그리스도의 이름으로
하나님의 예정이요 뜻이다
그 이름으로
자신을 다스려라
세상을 정복하라
네 믿음을 선포하라

23. 교회는 그의 몸이니 만물 안에서 만물을 충만하게 하시는
   이의 충만함이니라 _ 에베소서 1장 23절

교회는 그의 몸이니

믿음은
말씀을 듣는 자에게
은혜의 선물로
속죄를 위하여
칭의를 위하여
주시는 선물이다
믿어지는 것이 은혜이다
행위에서 나지 아니하고
오직 하나님의 믿음으로
구원에 이르고
성령을 보증으로
기업을 삼으시니

교회가 세워진다
그리스도의 몸으로
보이는 천국으로
성령은 계시의 영으로
마음의 눈을 밝히사
부르심의 소망과
풍성한 은혜의 기업
영광과 존귀한 사랑
그 안에서 역사하시는
능력의 지극히 크심이
그리스도 안에서 역사하사
부활의 역사로 교회를 세우시니
교회는 그의 몸이요
만물 위에 세우시고
만물을 충만케하시는
그리스도의 충만이니라
교회는 그리스도의 몸이니

모든 통치와 권세와 능력으로
보이는 세상과 영원의 하늘을
그 이름으로 다스리시니
만물을 그 발 아래 복종케 하시고
그 위에 교회를 세우시니
그리스도는 교회의 머리라
만물을 충만케 하시는 교회는
그의 몸이니라
만물 위에 세우신 교회
세상을 충만케 하는 교회
세상을 다스리는 교회
생명과 복을 주는 교회
사랑과 은혜로 충만한 교회
믿음의 역사로 충만한 교회
천국의 영광이 충만한 교회
그리스도의 몸으로
모두에게 영광으로
지체가 되게 하소서
계시의 영 성령으로
우리 안에 충만으로

교회되게 하소서
만물을 충만케 하는
그리스도의 몸으로

✟ 오늘의 말씀 밥상

1. 그는 허물과 죄로 죽었던 너희를 살리셨도다 _ 에베소서 2장 1절

허물과 죄로

죄의 값은 사망
하나님의 은사는 영생(롬 6:23)
인간의 속성을 따라
육체의 욕심을 따라
육체의 원하는 대로
세상의 풍조를 따라
문명의 물결을 따라
공중의 권세를 따라
불순종 불법을 하여
본질상 진노의 자녀
영원히 사망의 그늘에서
자신도 모르고 영원한 불
멸망으로 가고 있는 운명

우리도 그 속에서 희희낙락
허물과 죄로 죽어있던 우리
긍휼이 풍성한 사랑
아가페의 예정으로
그리스도와 함께 살리시고
그리스도와 함께 앉히시고
아들의 영 양자의 영을 주사
하나님을 아버지라 부르고
아들의 권세와 영광을 주시니
은혜 위에 은혜로다
후사로 하나님의 후사로
그리스도와 함께 왕 노릇하리라
십자가로 이루시고
보증으로 성령을 주시고
임마누엘 하시니
아가페의 사랑이요
긍휼이 풍성한 사랑이라

자랑하지 말라
외식하지 말라
은혜 아래 겸손하라
믿음으로 감사하라
순종으로 경외하라
믿음에 덕을 세우라
받은 사랑으로 살라
속죄 받은 네 인생이 복이 되리라

11. 그러므로 생각하라 너희는 그 때에 육체로는 이방인이요 손
    으로 육체에 행한 할례를 받은 무리라 칭하는 자들로부터
    할례를 받지 않은 무리라 칭함을 받는 자들이라

_ 에베소서 2장 11절

그러므로 생각하라

그리스도인은
생각하는 사람이다
자신을
과거를 생각하는
현재를 생각하는
미래를 생각하는
은혜를 생각하는
육신적 감각에서
영적인 감각에서
이방인으로
하나님을 모르는 무지

우상을 하나님으로
죄의 저주에서 불행으로
현재와 미래 영원히
멸망받을 자신을
그리스도인은
십자가를 생각하는 사람이다
아가페의 은총을
흘리신 보혈을
찢기신 아픔을
조롱과 멸시를
저주의 고통을
속죄를 위하여
언약의 증표로
제물이 되신 그리스도
십자가는 영원의 증거이다
그리스도인은
하나님을 생각하는 사람이다
십자가의 보혈로
죄의 담을 허시고
의인으로

성령 안에서
천국시민으로
하나님의 권속으로
그리스도와 동일한
하나님의 후사로
새 예루살렘 영광을
하나님 모시고
영원히 누리는
아가페의 은총 은총
영원히 영원히
생각하라 그리고 감사하라
말씀의 터위에
인생을 세우라
믿음을 세우라
성전을 세우라
영원히 임마누엘 하리라

2. 너희를 위하여 내게 주신 하나님의 그 은혜의 경륜을 너희
   가 들었을 터이라 _ 에베소서 3장 2절

은혜의 경륜

복음은 은혜의 경륜이다
그리스도의 비밀
아가페의 예정
인간을 위한 작정
성령으로만 계시된다
세대 세대를 통하여
모든 인간들에게
그리스도 안에서
함께 자녀가 되고
함께 상속자가 되고
함께 약속에 참여하고
함께 일꾼이 되고

영광에 하나되게 하신 은혜
영원 전부터 예정하신 복음은
은혜의 경륜이라
믿기만 하면
고백하기만 하면
순종하기만 하면
복으로 영원히 이루어지는
네 복음이 되리라
듣는 자에게
믿은 자에게
읽는 자에게
깨닫는 자에게
은혜의 경륜이어라

✝ 오늘의 말씀 밥상

14. 이러므로 내가 하늘과 땅에 있는 각 족속에게
15. 이름을 주신 아버지 앞에 무릎을 꿇고 비노니

_ 에베소서 3장 14-15절

바울의 기도

하나님 아버지
창조의 주시며
만주의 주시며
생명의 주시며
하늘에나 땅에나
모든 만물에 이름을 주신
아버지 하나님 앞에
무릎을 꿇고 비나니
성령의 능력으로
속사람을 강건하게 하시고
믿음으로 그리스도께서
우리 마음에 계시고

풍성한 은혜의 영광으로
계시의 마음을 주셔서
부르심의 기업의 영광을
지식에 넘치는 그리스도의 사랑을
알게 하시사
그 넓이와
그 높이와
그 깊이와
그 길이를 깨달아
하나님의 충만으로
너희 안에 충만하사
그 사랑 안에 뿌리를 내리게 하소서
임마누엘로 역사하시는
그 크신 역사로
우리에게 구하는 것이나
생각하는 것에 더 넘치도록
베푸시는 하나님의

자비의 은총을 찬양합니다
바울의 기도
에베소 교회에
우리의 교회에
교회된 나에게
지금도 실상으로
이루어지게 하소서
그 사랑으로 충만하여
그리스도의 지식으로
믿음의 행복을 주옵소서
소망의 기쁨을 주옵소서

✟ 오늘의 말씀 밥상

1. 그러므로 주 안에서 갇힌 내가 너희를 권하노니 너희가 부르
   심을 받은 일에 합당하게 행하여 _ 에베소서 4장 1절

부르심에 합당하게

소명은 하나님의 예정이다
예정은 경륜의 은총이다
믿음도 은혜의 선물이다
그래서
거룩한 부르심
하늘의 부르심
은혜의 부르심
비전의 부르심이라 한다
부르심은 은총이다
하나님의 비전이다
성도로의 부르심
자녀로의 부르심

후사로의 부르심
사명으로 부르심
사도로의 부르심
증인으로 부르심
그리스도의 몸으로
하나의 교회로 성전으로
하나님의 자녀로 부르심
이 부르심에 합당하게 살라
겸손과 온유로 하고
인내와 용납으로
사랑과 평안으로
성령의 하나됨을
힘써서 지키라
믿음도 소망도 사랑도
세례도 하나요 한 몸이요
하나님도 한 분이시니
온 세상을 통일하시는 분이시라
성도로 목사로 장로로 집사로
부르심은 그리스도의 몸을
세우려 하심이라

부르심에 합당하게
직분에 합당하게
거룩함에 합당하게
네 이름에
네 부르심에
네 거룩함에
합당하게 행하라
이것이 신앙의 열매요
너와 모두의 행복이요
신앙의 상급이 되리라

23. 오직 너희의 심령이 새롭게 되어
24. 하나님을 따라 의와 진리의 거룩함으로 지으심을 받은 새
사람을 입으라 _ 에베소서 4장 23-24절

새 사람을 입으라

죄와 허물로 죽은 우리
긍휼의 아가페로
살려주시고
의인이라
자녀라
하늘의 후사로
그리스도와 동일한
독생자의 영광으로
존귀한 신분으로
기쁘신 뜻대로
새 생명으로 살리셨도다

예전 것은 지나갔도다
보라 새것이 되었도다
오직 심령으로 새롭게
하나님을 따라
거룩함으로
새롭게 지으심을 받은
새 사람을 입으라
땅에 속한 것을 버려라
육신의 정욕을 버려라
거짓과 탐심과
음란과 호색과
비판과 판단과
시기와 질투와
더러운 언어와
분냄과 떠드는 것
성령을 근심하게 하고
스스로 사지로 가는 것이니라

새로운 피조물이 되었으니
새 사람을 입으라
위에 것을 생각하고
위에 것을 바라보라
우리 생명이 그리스도와 함께
하나님 안에 감추어져 있으니
그 날에 독생자의 영광으로
나타나리라
그러므로
새 사람으로
새 옷을 입고
낮에와 같이 단정히 하라

1. 그러므로 사랑을 받는 자녀 같이 너희는 하나님을 본받는
   자가 되고 _ 에베소서 5장 1절

사랑을 받는 자녀

사랑을 받는 자는
행복한 인생이다
사랑을 알고
반응을 하고
마음이 가고
믿음이 가고
생각이 변하고
생활이 변하고
환경을 초월하고
기적의 삶을 산다
하나님의 사랑이
독생자의 십자가로

우리에게 나타나
우리 안에 지금도
샘물처럼 흐르고 있다
이 사랑이 내 안에서
믿음으로
사랑으로
소망으로
하나님을 바라보고
십자가를 바라보고
골고다를 가게 한다
좁은 길을 가게 한다
기쁨으로 가게 한다
육신의 정욕과 감정
얽매이기 쉬운 모든 짐
진노와 저주가 되는 짐
어둠으로 방황하던 길
사랑이 빛으로 우리에게 왔다
전에는 어둠이더니
이제는 주 안에서 빛이라
빛이 왔으니

빛의 자녀처럼
서로 사랑하라
착함 의로움 진실
사랑의 속성이 빛으로
삶에서 열매로 나타내라
사랑은 숨길 수 없는 것
사랑받는 자녀같이
사랑으로 사랑하라
언제나 하나님을
본 사람은 없으되
사랑의 불꽃 속에 계신다
사랑을 받는 자는
하나님을
이웃을
받은 사랑으로 사랑한다

16. 세월을 아끼라 때가 악하니라
17. 그러므로 어리석은 자가 되지 말고 오직 주의 뜻이 무엇인
가 이해하라 _ 에베소서 5장 16-17절

세월을 아끼라 때가 악하니라

지나면 아는 것
있을 때는
느끼지 못한다
오래 지난 후에
허무함과 공허
아쉬움과 후회
다시 찾을 수도 없고
잃어버린 시간들은
영원히 살아지는 세월
하늘만 쳐다보며 탄식
아껴라 주의하라

성공 실패 누가 만드나
공중 권세 잡은 마귀가
서서 문명으로
하나님과 이간시키고
세상에 매력으로 간음하게 한다
사지로 가는 양과 같이 가지 말고
세월을 잡고 가라 때가 악하니라
사람이 부모를 떠나
아내와 합하여 둘이 하나되는
비밀의 경륜이 부부를 만든다
하나되는 비밀은
사랑으로 복종하는 것
한 몸의 지체가
말없이 복종하듯
아내들이여 복종하라
남편이 몸의 머리됨이요
남편들아 아내를 사랑하라

그리스도께서 자기몸을 주심같이
아내를 사랑하라
아내를 사랑하는 것은
자기를 사랑하는 것이니라
한 번의 인생
지나가면 다시 오지 않는 세월
둘이 하나되게 하신 신비의 부부
믿음으로 그리스도와 하나되는 비밀
힘써 지켜라 때가 악하니라
둘이 하나되는 하나님의 뜻
이간하는 사탄의 유혹을 경계하라
세월을 아껴라
한 번의 인생
한 번의 신앙
그 뜻을 따라
지혜로 살라
너의 인생을 아름답게
너의 신앙을 아름답게
너의 가정을 행복하게

1. 자녀들아 주 안에서 너희 부모에게 순종하라 이것이 옳으니라
2. 네 아버지와 어머니를 공경하라 이것은 약속이 있는 첫 계명
   이니 _ 에베소서 6장 1-2절

자녀들아

우리는 다 자녀들이다
우리는 또 부모들이다
우리는 다 형제자매다
부모를 공경하고 순종하라
그리워하고 사모하라
행복한 인생은 효도 안에 있다
약속있는 첫 계명이다
부모는 주의 교양과 훈계로
마땅히 가르칠 바를 가르치라
인생은 살아가는 것이다
진리의 길을 떠나지 말라

작은 일에 충성하라
주의 일을 하듯하라
즐거움으로 감사함으로
상전이 하나님인 것을 잊지 말라
기업은 하나님의 기업이다
청지기의 사명을 가지라
함께 사는 법을 잊지 말라
반드시 번성하고 번성하리라
우리는 다 하나님의 자녀다
우리는 부모의 자녀다
또 우리는 자녀의 부모이다
공경하고 사랑하고
하나님의 사랑으로
감사하며 겸손으로
섬김으로 살아가라
행복은 만들어지는 것이 아니다
사랑을 만들어가는 과정이다
너의 행복을 위하여
사랑을 만드는
성실하게

자녀가 되고
부모가 되고
청지기가 되어라

11. 마귀의 간계를 능히 대적하기 위하여 하나님의 전신 갑주
  를 입으라 _ 에베소서 6장 11절

하나님의 전신갑주를 입으라

신앙은 전쟁이다
영적 싸움이다
자신과의 싸움
육체의 정욕
육체의 생각
이생의 자랑
음란과 호색
사치와 허영
세상적 이념
아담을 유혹하던 마귀
눈으로
귀로 입으로

감각으로
감정으로
환경으로
문명으로
치열하게 공격하고 있다
그러므로
하나님의 전신갑주를 입으라
진리의 말씀으로
실상의 믿음으로
기도의 능력으로
성령의 권능으로
순교의 신앙으로
절대의 믿음으로
오직의 십자가로
선으로 갚아주고
희생의 정신으로
듣기는 속히 하고

입술은 침착하게
행동은 선행으로
감정은 사랑으로
마귀로 틈을 타지 못하게 하라
그 날에
하나님 앞에서
승리한 자에게 주시는
영광의 면류관을 위하여
하나님의 전신갑주를 입으라
세상을 이기라 자신을 다스리라

24. 우리 주 예수 그리스도를 변함없이 사랑하는 모든 자에게
　　은혜가 있을지어다 _ 에베소서 6장 24절

변함없이

진리는 변하지 않는다
믿음은 변하지 않는다
사랑은 변하지 않는다
첫 사랑을 잃어버린 교회
첫 믿음을 잃어버린 교회
에베소 교회는 타락했다
촛대를 옮겨 버렸다
첫 믿음이 변질된 교회
첫 사랑을 잃어버린 교회
한국 교회여 한국 교회여
믿음의 변질은 타락이다
사랑의 변질은 불신이다

변함없는 믿음으로
변함없는 사랑으로
뜨거운 가슴 그대로
영적인 기쁨 그대로
성령의 체험 그대로
감사의 신앙 그대로
충성의 열심 그대로
사랑의 희생 그대로
거듭난 모습 그대로
처음과 나중 그대로
예수님과 하나된 모습이다
구원받은 믿음의 모습이다
변함없는 믿음으로
변함없는 사랑으로
그리스도를 사랑하고
이웃을 사랑하는 자들에게
그리스도 안에 예비된
은혜가 주어진다
예수 그리스도의
이름의 능력과 권세

예정된 경륜

흠 없는 자녀로

새 하늘과 새 땅

새 예루살렘성

생명수 강물

영원의 생명으로

그리스도와 함께

영원히 영광을 누리게 된다

은혜를 잃어버린 교회

은혜를 잃어버린 신자

직분은 있는데

명예는 있는데

교회는 있는데

사람은 있는데

예배는 있는데

은혜가 없다

믿음이 없다

사랑이 없다

예수가 없다

성령은 없다

웅장하고 화려한 예배당
신앙은 명분의 자랑이요
빛을 잃은 신앙
맛을 잃은 생활
사단의
합리화
상황에
인정에
물질의
이성의
유혹의 덫에 걸렸나
변질된 신앙이여
통곡하라
회개하라
생명을 찾으라
은혜를 받으라

8. 내가 예수 그리스도의 심장으로 **너희 무리를 얼마나 사모하
  는지 하나님이 내 증인이시니라** _ 빌립보서 1장 8절

그리스도의 심장으로

마음은 사람의 중심이다
진실이요
정직이요
인격이요
생활이요
목적이다
바울은 그리스도의 마음
중심이 그리스도의 심장으로
일생을 살아간 그리스도의 사람
그리스도의 심장으로 죽었다
신앙은 바꿔지는 것이다
그리스도의 마음으로

그리스도의 심장으로
형제와 이웃을
직장과 사회를
맡겨진 의무를
의사는 환자를
목사는 성도를
성도는 목사를
사장은 사원을
사원은 사장을
관계로 대하는
이것이 그리스도인이다
영적인 신앙의 사람이다
무엇을 하든지
그리스도의 마음으로
충성스럽게
온유함으로
최선을 다해
사랑으로
절제하며
이웃을 위하여

공동체를 위하여
서로 긍휼히 여기며
하나님의 뜻을 이루며
모두의 유익을 위하여
희생을 기쁨으로
감사한 마음으로
최선을 다하므로
모두의 덕을 세우고
평화를 만드는
그리스도의 사람이 되라
나는 나의 삶의 축이
언제나 나 중심이었다
에고이즘_egoism
마음 속에 기반을 잡고
그 위에 그림을 그렸다
비전의 그림
행복의 그림
사랑의 그림
그리스도는 울타리
사랑으로 포장하고

내 꿈을 위해
의식주의 염려로
허구한 날 고민하며
이웃과 비교하며
갈등하며
스트레스
스스로 불행하다며
살아온 죄를 용서하옵소서
내 마음이
그리스도의 심장으로
사물을 보고 감사하게 하소서
긍휼과 자비로 이웃을 보게 하소서
무슨 일을 하든지 주의 일을 하듯 하게
감사로 하나님의 뜻을 이루게 하소서

5. **너희 안에 이 마음을 품으라 곧 그리스도 예수의 마음이니**

_ 빌립보서 2장 5절

이 마음을 품으라

신앙은 하나되는 것
예수님 내 안에
구주가 되고
주인이 되고
생명이 되고
마음이 되고
목적이 되어
살아가는 영적 인생이다
내가 사는 것은
내 안에 계신
예수 그리스도
그 사랑으로

그 속죄 받은
새 사람으로
새 마음으로
온 세상보며
육체로 사는 것이다
오직 예수의 마음으로
스스로 자기를 낮추고
스스로 자기를 비우고
높은데 뜻을 두지 말고
마음을 같이 나누며
하나님의 뜻을 위하여
죽기까지 충성으로 순종
화목의 직분을 감당하라
이 마음으로
세상을 보라
사람을 보라
네 일을 하라
중심을 보시는
하나님 마음을
감찰하사

때가 되면 높이시리라
세상을 다스리는 권세
영원한 영광의 후사로
하나님의 비전의 주인공으로
우뚝 서게 되리라
내 마음대로 사는 것이
죄인 줄 모르고 살아 온
죄를 용서하여 주옵소서
하나님을 내 마음의 하나님으로
삶의 표준을 내 마음으로 삼고
판단하고 주장하고
이웃을 이해하지 못하고
상처를 주며 가책이 없는
바른 신앙이라고 주장하던
이기고 쾌감을 즐기던 죄를
용서하옵소서
긍휼과 자비의 마음
스스로 낮추고
마음을 같이 하는
사랑과 이해의 마음

그리스도의 마음으로
살아가게 하옵소서
모두의 기쁨이 되고
화평이 되게 하옵소서

내 믿음으로 하지 말라
분열과 분쟁으로 상처를 남긴다
내 의지로
내 열심으로
내 믿음으로
가책도 없이 주님을
위한 것이라고 다투며
상처를 주며 봉사한 무지와
죄악을 용서하옵소서
성령으로 나를 보게 하소서
성령으로 생각 하고
성령으로 말을 하고
성령으로 봉사 하고
성령으로 믿음 생활하게
성령충만을 주옵소서
(성령이 없는 사람은 하나님의 사람이 아니다)

✝ 오늘의 말씀 밥상

14. 푯대를 향하여 그리스도 예수 안에서 하나님이 위에서 부르신 부름의 상을 위하여 달려가노라 _ 빌립보서 3장 14절

푯대를 향하여

성도는 목표가 분명하다
위에서 부르신
부르심의 비전
예수 그리스도 안에
기업의 영광의 풍성
생명의 능력과 존귀
부활의 생명으로
새창조의 비전을
바라보는 것이다
약속을 바라보고
뒤에 것은 잊어버리고
푯대를 향해 달려가는

꿈의 사람들
비전의 사람들
위에 것을 바라보고
위에 것을 생각하고
땅에 속한 것
육신의 안목을
보이는 목적을
잊어버리고
예수 그리스도
십자가
부활의 생명
영원의 기업
위에서 부르신
부르심의 상을
향하여 달려가는
희망의 사람들이다
보이는 세상의 꿈은

시들고 마르고 썩고
풀의 꽃과 같이 썩고
헛되고 헛되도다
오직 말씀
언약 약속
영 불변하시니
세세토록 있도다
목표가 있는 성도
올바른 신앙으로
절대적 신앙으로
숨겨진 기쁨으로
보화를 품에 안고
푯대만 바라보고
달려가는 것이 신앙이다
푯대를 잃어버린 교회
십자가 잃어버린 신앙
세상에 꿈을
땅에 영광을
보이는 행복
바라보며 사는

생명없는 신앙
욕심에 미혹되어
방황하는 신앙생활
푯대를 바라보게 하소서
십자가를 바라보는 신앙
위에서 부르신 소명을
붙잡게 하소서
문명에 방황하는
갈등으로 괴로운
기쁨이 없는
감사가 없는
생명이 없는
신앙을 살려 주옵소서
신앙의 기쁨을
신앙의 행복을
회복하여 주소서

4. 주 안에서 항상 기뻐하라 내가 다시 말하노니 기뻐하라

_ 빌립보서 4장 4절

주 안에서 항상 기뻐하라

신앙은 하나님 안에
성령으로 사는 것
은혜로
믿음으로
기쁨으로
사랑으로
감사함으로
화평함으로
자유를 누림으로 사는 것
주 안에 있으면
염려와 근심이
불안과 두려움이

기도로 찬양으로
믿음의 평안으로
희망과 기쁨으로
합력하여 선을 이루시는
하나님의 뜻을 바라본다
믿음의 사람은
기도와 간구로
구할 것을 구하고
지각에 뛰어난 하나님의
평강으로 넘치도록 주신다
감사로 구하라
믿음으로 구하라
은혜 안에 평화를 누리라
주 안에서 항상 기뻐하라
기뻐하고 기뻐하라
하나님을
기쁨으로 사랑과 감사를

표현하라 믿음을 표현하라
행복을 누려라
주신 은혜를 누려라
주신 사랑을 누려라
주신 믿음을 누려라
기쁨으로
감사로
또 기쁨으로
네 인생을 믿음으로
행복을 누려라
무엇에든지 진실하며
무엇에든지 참되고
무엇에든지 의로우며
무엇에든지 믿음으로
모두에게 덕이 되고
모두에게 사랑이 되고
모두에게 기쁨이 되라
내가 주 안에 살고 있는가
내가 성령으로 살고 있는가
예수 그리스도 이름으로

밖에서 내 맘대로
이름을 이용하는
위선자는 아닌가
믿음은 없고
불안과 염려
모양만 있고
능력은 없고
형식만 있고
믿음은 없고
기쁨이 없고
거짓된 신앙은
불안 두려움
사랑의 주님
회개로 돌아오게 하소서
주 안에 사는 믿음을
항상 기뻐하는 믿음을
회복시켜 주옵소서

13. 내게 능력 주시는 자 안에서 내가 모든 것을 할 수 있느니라

_ 빌립보서 4장 13절

내게 능력 주시는 자 안에서

신앙은
치열한 전쟁이다
감당키 어려운
육체와 환경과
권력과 정치와
문명과 사회와
공중의 세력과
죽느냐 사느냐
승리가 신앙이다
한계된 인간으로
이긴 자만이 신앙의 사람이다
능력 주시는 자 안에서

공중의 권세자와
영적으로 육체로
감옥에도
결박에도
매맞음도
배고픔도
배부름도
인격모독
멸시천대
주님을 위하여
풀무불의 죽음도
맹수의 두려움도
죽음을 순교의 은총으로
고난을 영광의 통로로
세상을 이기고 이기는
감당치 못하는 사람들
내게 능력 주시는 자 안에서

내가 모든 것을 할 수 있는 것이다
초대교회에 주셨던 그 능력
오늘 우리 교회에 주옵소서
우리 성도들의 신앙이 되게 하소서
능력을 잃어버린 교회
맛을 잃어버린 신자들
빛을 잃어버린 교회들
그리스도가 없는 교회
성령의 은혜를 상실한
이름만 있는 사데교회
잎만 무성한 무화과나무
화려한 이력의 바리새인
경건의 모양은 있으나
능력이 없는 교회
공중 권세에 노예된 신앙
문화에 감각 잃어버린 신앙
능력을 회복시켜 주옵소서
불안과 두려움을 물리쳐 주옵소서
내게 능력 주시는 자 안에서
권력을 이기게

정욕을 이기게
문명을 이기게
가난을 이기고
고난을 영광으로
죽음을 순교의 은총으로
넉넉히 이기게 하옵소서
내게 능력 주시는 자 안에서

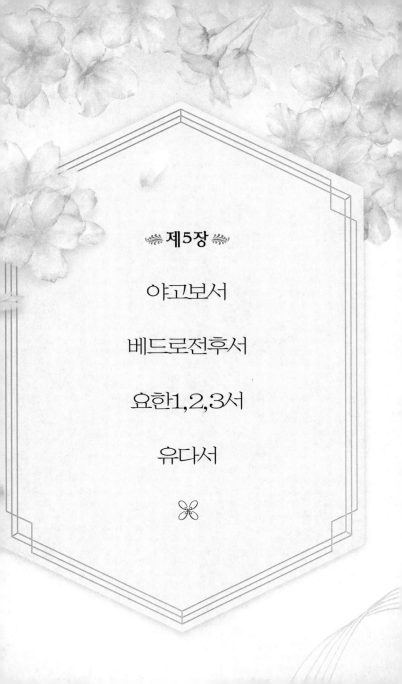

제5장

야고보서

베드로전후서

요한1, 2, 3서

유다서

1. 하나님과 주 예수 그리스도의 종 야고보는 흩어져 있는 열두 지파에게 문안하노라 _ 야고보서 1장 1절

디아스포라

디아스포라
흩어진 유대인들
토라
신앙
전통
문화
지식
역사
가는 곳마다
우뚝 서서
세상을 정복한다
디아스포라

유대인
경제
정치
문화
전통
유대인의
세상을 만든다
세상은
디아스포라에 놀아난다
그리스도인으로
디아스포라
빛으로
혼돈
흑암
불안
빛으로
의로움과
착함
진실함
생명의 빛을

선전하라

너의

희생을 요구하는

디아스포라

그리스도인

성전으로

디아스포라

성령의 임재

생명과 평안

사랑과 희락

화평과 온유

자비와 양선

충성과 온유

절제

열매 맺는 희생

수확의 기쁨을 위해

너에게 있는 사람

행복의 기쁨

디아스포라

온 세상에

가정에
직장에
교회에
디아스포라
그리스도인이어라

3. 이는 너희 믿음의 시련이 인내를 만들어 내는 줄 너희가 앎 이라

4. 인내를 온전히 이루라 이는 너희로 온전하고 구비하여 조금도 부족함이 없게 하려 함이라 _ 야고보서 1장 3-4절

고난에도 뜻이 있다

인내를 이루라

태양의 빛

비와 바람

자람의 요소

열매의 요소

결실의 요소

풍요의 요소

자연의 경륜

생명의 섭리

믿음의 섭리

구원의 역사

하나님은
은처럼 하지 아니하고
풀무불에서
금을 연단하듯
표백하는 자의
잿물
여러가지
연단으로
정결
정금으로
그 날에
칭찬과 영광
그러므로 이상히 여기지 말라
있는 곳에서
내가 져야 하는
십자가
죽어야 하는
십자가
인내로 이루라
새 생명으로

부활 생명으로
다시 사는
믿음을 위해
빛의 열매가
현재와 영원으로
영광의 기업이 되리라
인내로
온전한 믿음을 이루라

6. 오직 믿음으로 구하고 조금도 의심하지 말라 의심하는 자는
   마치 바람에 밀려 요동하는 바다 물결 같으니
7. 이런 사람은 무엇이든지 주께 얻기를 생각하지 말라
8. 두 마음을 품어 모든 일에 정함이 없는 자로다

_ 야고보서 1장 6-8절

의심 그리고 죄

의심
사단이 준 씨
보암직하고
탐스럽고
지혜롭고
먹고
남편도 먹고
부끄럽고
두렵고
불안하고

죄를 먹은 것이다

하나님을

말씀을

의심하니

밀려오는

유혹

두 마음의 정욕이라

욕심은

불신의 싹이라

죄를 낳고

사망을 낳고

외식의 신앙

언제까지 숨기겠나

응답이 없고

체험이 없고

확신이 없고

기쁨이 없고

성령이 없느니라
의심은
불신앙
의식은 있으나
거역이요
기회주의자요
배신이라
종교로
우상이 된 자라
하나님을 믿으라
말씀을 믿으라
두려움으로
순종으로
절대를 믿으라
네 삶의 실상을 만들라
기적을 연출하라
너 있는 곳에
하나님의 임재를 보게 하라
믿음을 세상에 선포하라
너 하나님의 사람아 !!

20. 사람이 성내는 것이 하나님의 의를 이루지 못함이라
21. 그러므로 모든 더러운 것과 넘치는 악을 내버리고 **너희** 영혼
    을 능히 구원할 바 마음에 심어진 말씀을 온유함으로 받으라
22. **너희는 말씀을 행하는** 자가 되고 듣기만 하여 자신을 속이는
    자가 **되지 말라** _ 야고보서 1장 20~22절

감정의 은총

인생을 웃어라
기뻐하라
노래하라
춤을 추라
슬퍼하라
울어라
통곡하라
감정으로 사는 인생
환경에
희노애락

지나가면 없는 것
뿌리 없는 나무처럼
동서남북으로
바람 부는 대로
춤추다
없어지는 것
목을 매지 마라
목을 매지 마라
버려라
더러운 것
추한 것
가벼운 것
욕심
탐욕
감정도
비우라 비우라
네 영혼을 위하여
말씀을
온유로
겸손으로

순종으로
경외함으로
스스로 속이지 말고
열매를 바라보고
행함을 심으라
네 영혼의 구원을 위하여
감정은 은총
지혜롭게
믿음으로
사랑으로
선용하여
네 믿음을 보이라
하나님의 의를 이루라

4. 너희끼리 서로 차별하며 악한 생각으로 판단하는 자가 되는 것이 아니냐

5. 내 사랑하는 형제들아 들을지어다 하나님이 세상에서 가난한 자를 택하사 믿음에 부요하게 하시고 또 자기를 사랑하는 자들에게 약속하신 나라를 상속으로 받게 하지 아니하셨느냐 _ 야고보서 2장 4~5절

개천에서 용 난다

헬조선
금수저 은수저
가문 학벌
기회
조건
조상 탓
사탄이 주는
불행의 씨앗이다
선악과를 먹은 결과

판단의 주체
다른 사람에게
전가하는 습관
나는 안 돼
이래서
포기의 불행
절망의 늪에서 희망을 잃었다
믿음으로
하나님의 섭리를 보라
우상의 신앙 안에 살던
아브라함
찢겨진 채색옷
죽음의 구덩이
노예의 요셉
숨겨진 역사
누가 말할 수 있나
가나안의 구원을

구두 수선공

D. L. 무디

학력이 없고

가난의 극한

에이브라함 링컨

깡패 두목

김익두 목사

인간의 사고가 아닌

신비의 섭리

그것이 오늘 내게

이루어진 은총

비판하지 말라

차별하지 말라

판단하지 말라

선택의 복음

차별이 없다

하나님의 자녀들

천국의 주인공

세상의

빛의 아들들로

하나님의 나라를 세워가는
하늘의 상속자들
네게 힘을 주시리라
말씀으로
믿음으로
굳게 서라
평지가 되리라
넓게 되리라
네 꿈이 정오의 빛처럼
온 세상에
하나님이 하셨다고
간증하리라

22. 네가 보거니와 믿음이 그의 행함과 함께 일하고 행함으로 믿음이 온전하게 되었느니라
26. 영혼 없는 몸이 죽은 것 같이 행함이 없는 믿음은 죽은 것이니라 _ 야고보서 2장 22,26절

믿음은 액션Action이다

믿음은 결단이다
믿음은 모험이다
믿음은 액션이다
믿음은 보이는 것이다
믿음은 이념이 아니다
사상은 믿음이 아니다
종교는 실상이 아니다
하나님의 존재
삼위일체
경륜과 섭리
복음의 원리

사랑의 십자가
십자가의 도
재림과 심판
새 하늘과 새 땅
영원한 진리이다
그러나
귀신들도 믿는다
그래서 떨고 있다
그것은
영혼 없는 몸이다
생명 없는 몸이다
예배는 예배가 아니다
찬양은 찬양이 아니다
기독교는 종교가 아니다
믿음이다
실상이다
결단이다

액션이다
믿음은
보이는 것이다
실상이 아닌 것은 거짓이다
구원은 현실이다
이루어가는
기적이요
변화요
신비요
열매요
평화요
생명의 확신이요
액션이다
너의 시간
너의 보화
너의 꿈
너의 행복
포기 하라
액션으로 네 믿음을 보이라
전능자의 역사가

네 인생에 기적으로
나타나리라
영원의 분복으로
믿음은 실상이다
믿음은 액션이다

2. 우리가 다 실수가 많으니 만일 말에 실수가 없는 자라면 곧
   온전한 사람이라 능히 온 몸도 굴레 씌우리라 _ 야고보서 3장 2절

말

말은
곧 그 사람이다
인격이요
생각이요
지식이요
감정이요
마음이다
그러므로
아끼는 것이 지혜이다
듣기는 속히 하고
말하기는 더디 하라
실수는

불행이 될 수 있다
엎어진 물은 담을 수 없다
말로써
네 믿음
인격
품위를 드러내라
진수의
복음이 흐르게 하라
말은 씨가 된다
좋은 것으로 돌아오게 하라
좋은 열매로 나누게 하라
모두에게
행복으로
유익으로
화평으로
연합으로
희망으로

네 말이 되게 하라
기도하라
깊이 묵상하라
그리고
말을 하라
많이 하지 말라
겸손을 잊지 말라
온유로 하라
네 말이
좋은 열매를 맺게 하라
네 믿음을 보이라
진실을 보이라
사랑을 보이라
경우에 합당한 말은
은쟁반에 금사과니라

17. 오직 위로부터 난 지혜는 첫째 성결하고 다음에 화평하고 관용하고 양순하며 긍휼과 선한 열매가 가득하고 편견과 거짓이 없나니
18. 화평하게 하는 자들은 화평으로 심어 의의 열매를 거두느니라 _ 야고보서 3장 17~18절

믿음의 지혜

사람마다
자기 생각 속에 산다
자기 만족을 위한
희망과 꿈
수고와 노력
다툼과 시기
욕망의 노예
거짓에 속고 있다
자기의 판단 속에
정욕이 있는 것을

사탄이 주는 것을
받아 먹으며
이기려고 목숨을 거는
거짓에 속는 인생
성령을 받으라
성결
화평
관용
양순
선함
편견이 없는 진실
믿음의 지혜
이것이 없는 것은
거짓된 믿음
영혼 없는 몸
지혜를 심으라
지혜로 살라
자기 생각의 고집
전통적 종교 행위
위선은 무서운 거짓

여호와의 눈은
심장과 폐부를 살피신다
지혜를 구하라
위로부터
생각의 틀을 벗어나라
지혜의 자유를 얻으라
참 자유 참 믿음

1. 너희 중에 싸움이 어디로부터 다툼이 어디로부터 나느냐 너
   희 지체 중에서 싸우는 정욕으로부터 나는 것이 아니냐

_ 야고보서 4장 1절

헛된 정욕

인생은 무엇 때문에 사는가
오늘은 이 도시에
내일은 저 도시에
거기서 장사 하리라
거기서 돈을 벌리라
거기서 꿈을 이루리라
정욕을 위하여
사람을 만나야 한다
모사를 꾸며야 한다
정욕은 채워지지 않는 그릇
그래도 만족하려고
싸워야 한다

채우기까지
그러나 끝이 없는 것을
너의 인생이 무엇이냐
너의 비전이 무엇이냐
너의 내일은 무엇이냐
헛된 정욕이 아니냐
아침 안개
그 날이 오면
네 것이 보이겠는가
너를 만족하게 하겠는가
이루지 못할 욕망
이루지 못할 정욕
고달픔
분노
혈기
다툼
미움

후회하지만
지나간 아쉬움
인생을 알라
세상을 알라
하나님을 알라
비우라
내려 오라
화평을 따르라
그리하면
네 인생을 채우시리라

8. 하나님을 가까이하라 그리하면 너희를 가까이하시리라 죄인
   들아 손을 깨끗이 하라 두 마음을 품은 자들아 마음을 성결
   하게 하라 _ 야고보서 4장 8절

두 마음

인생은 선택이다
마귀의 유혹이다
선택은 자유이다
결과는 자유가 아니다
선택은 욕심이다
욕심은 죄가 된다
두 마음은 갈등이다
세상이냐 신앙이냐
육적이냐 영적이냐
현실이냐 비전이냐
자신이냐 공동체냐

눈에 보이는대로
세상과 간음하고
욕심에 결정하고
겉으로 경건의 모양으로
언제까지 속일 것인가
인생은 하나
진리는 하나
믿음도 하나
사랑도 하나
오직 하나님
한 분이면
네 인생의 만족
네 어리석은
지혜
지식
경험
보암직한
명예
권력
지위

성공일까
세상과 간음하다
끌려간 여인
사는 길은
선택이 아니다
두 마음의
싸움에서 이기라
선택이 아니다
그냥 그 길을 가야 한다
좁은 길
십자가의 길
희생이 없는 성공은
거짓이다
신앙에 승리하라
영원에 승리하라

8. 너희도 길이 참고 마음을 굳건하게 하라 주의 강림이 가까 우니라 _ 야고보서 5장 8절

길이 참으라

인생은 어떻게 사는가
인생은 싸우는 것
분노와
억울함
슬픔과
수치와
외로움
불의와
정욕과
혈기와
끊임없이 끓어오르는
활화산의 용암

아직도 그대로

불꽃만

연기로만

위협하는 뫼는

언제 터져나올까

그래도 두려움 모르는

사람들은 평온하다

길이 참으라

주 강림하시기까지

비바람도

이른 비와

늦은 비도

살아 가는

인간 역사

전쟁도

평화도

가난도

부요도
바람에 밀리듯
지나갔다
결국은 없는 것
분노로
슬픔으로
한으로 병들고
부질없는 싸움하다
힘없이 하늘만 쳐다보는
너
넓은 마음
하늘 같은 마음
비워진 마음으로
길이 참으라
상처만 남고
병든 육체
병든 영혼
욥의 인내를 보라
참는 자가 복을 받는다
참는 자가 세상을 이긴다

참는 자가 자신을 이긴다
승리한 자에게
천국의 영광이 주어진다
길이 참으라
그 날이 오기까지

15. 믿음의 기도는 병든 자를 구원하리니 주께서 그를 일으키시
    리라 혹시 죄를 범하였을지라도 사하심을 받으리라

_ 야고보서 5장 15절

믿음의 기도

기도는
믿음의 표현이다
간절한 소원이다
진실한 모험이다
생명의 결단이다
이것이 없는 것은
종교적 행위이다
형식적 습관이다
외식의 믿음이다
자기를 속이는 것이다
기도는
하나님과의 만남

진실의 교제
은밀의 교제
믿음의 교제
사랑의 교제
골방의 교제
생사의 교제
하나님의 감동
초월의 기적
믿음의 역사
소원의 실상
주께서 하신다
성령의 역사다
하나님의 뜻이다
십자가로 이루신
속량의 은총이
믿음의 기도로
병든 심령에게 적용되네

죄로 인한 불행은
이미 사라졌네
십자가의
새 언약이
믿음의 기도로
날마다 이루어지네
할렐루야 !!

3. 우리 주 예수 그리스도의 아버지 하나님을 찬송하리로다 그
   의 많으신 긍휼대로 예수 그리스도를 죽은 자 가운데서 부활
   하게 하심으로 말미암아 우리를 거듭나게 하사 산 소망이 있
   게 하시며
4. 썩지 않고 더럽지 않고 쇠하지 아니하는 유업을 잇게 하시나
   니 곧 너희를 위하여 하늘에 간직하신 것이라
5. 너희는 말세에 나타내기로 예비하신 구원을 얻기 위하여 믿
   음으로 말미암아 하나님의 능력으로 보호하심을 받았느니라

_ 베드로전서 1장 3-5절

산 소망

너의 희망이 무엇인가
눈에 보이는 아름다움
세상 자랑인
명예 권력
부와 안정
사치와 쾌락
지나고 보라

너에게 남는것은
허전 허무
후회 탄식
절망과 포기
마광수를 부러워하는
어리석음
후회도 없는 절망
지옥의 수미산을
절망으로 가는
종말의 신세
찬송하리로다
긍휼의 하나님
십자가의 섭리로
산 소망
부활의 생명
새 하늘 새 땅
한계가 없는 영원
믿음으로
유업을 얻게 하신
구원의 섭리

숨겨진 신비
썩지 않는
영원의 질서
하나님의 속성
네 인생의 말세에
간직된 유업
주인공이 되어
하나님과 영생하라
영원히 영원히 !!

22. 너희가 진리를 순종함으로 너희 영혼을 깨끗하게 하여 거짓이 없이 형제를 사랑하기에 이르렀으니 마음으로 뜨겁게 서로 사랑하라
23. 너희가 거듭난 것은 썩어질 씨로 된 것이 아니요 썩지 아니할 씨로 된 것이니 살아 있고 항상 있는 하나님의 말씀으로 되었느니라 _ 베드로전서 1장 22~23절

깨끗한 영혼

신앙의 목적은 거룩
내가 거룩하니
너희도 거룩하라
하나님의 비전
십자가의 비밀
성육신의 목적
말씀주신 신비
허리를 동이라
근신하라

믿음을 지키라
연단을 받으라
오히려 기뻐하라
그 날의 영광을 위하여
인생은 풀과 같고
그 모든 영광은
풀의 꽃과 같으니
시들고 떨어지나니
진리에 굳게 서서
네 믿음을 지키라
네 마음을 지키라
외모를
보시지 않는 하나님이
네 영혼을 지키시리라
유혹에서
네 영혼을
깨끗이 하라

거룩케 하시리라
네 영혼과 육체를
온전히 보전하사
그 날에
하나님의 거룩에
천국의 거룩에
하나님과 함께
영원히
거룩의 영광을 위하여
네 영혼을 깨끗이 하라

9. 그러나 너희는 택하신 족속이요 왕 같은 제사장들이요 거룩
   한 나라요 그의 소유가 된 백성이니 이는 너희를 어두운 데
   서 불러 내어 그의 기이한 빛에 들어가게 하신 이의 아름다
   운 덕을 선포하게 하려 하심이라 _ 베드로전서 2장 9절

택한 백성

선택은 주권적 사랑이다
아브람을 아브라함으로
야곱을 이스라엘로
하나님의 비전
인간 구원의 섭리
요셉의 역사
모세의 역사
성육신의 역사
BC와 AD로
십자가의 역사
성령의 임재

교회의 역사
구원의 역사
재림의 역사
심판의 역사
선택의 은총
이방인이
아브라함 자손되고
십자가의 은총입고
성령의 임재로
자녀되고
하나님의 후사되고
왕같은 제사장으로
거룩함에 이르게 되고
세상을 다스리는
자녀의 권세로
새 하늘 새 땅
하나님의 영광에
주인공이 되었네
은총일세
은총일세

이 생명의 사랑을
만방에 전하세
이 거룩함을
만방에 노래하세
영원히 찬양하세

8. 마지막으로 말하노니 너희가 다 마음을 같이하여 동정하며
   형제를 사랑하며 불쌍히 여기며 겸손하며
9. 악을 악으로, 욕을 욕으로 갚지 말고 도리어 복을 빌라 이를
   위하여 너희가 부르심을 받았으니 이는 복을 이어받게 하려
   하심이라 _ 베드로전서 3장 8-9절

교회 공동체

교회는 거룩한 공회다
하늘의 부름받은
하나의 목적을 위하여
선택 받은 공동체이다
그리스도의 몸으로
보냄을 받은 사도들
세상의 빛으로
세상의 소금으로
소명을 이어가는
믿음의 공동체

사랑의 공동체
그리스도의 마음으로
그리스도를 실천하는
십자가의 도를
나누며 사는 지체들
교회 공동체
한 몸의 지체
이런 교회
성경적인
하나님의 교회
성전이 된 교회
십자가의 교회
세상을 이기는교회
문명을 이기는교회
물질을 초월한 교회
사랑이 중심이 되어
동정

긍휼
겸손
용서
축복
서로 나누는
거룩의 공동체
모여드는 공동체
흩어지는 공동체
세상을 정복하는 교회
그
믿음이 되라
거룩이 되라
사도들이 되라
변화시켜라
세상을 !!

7. 만물의 마지막이 가까이 왔으니 그러므로 너희는 정신을 차리고 근신하여 기도하라 _ 베드로전서 4장 7절

마지막

마지막이 있는가
그렇다
시작이 있다
마지막이 있다
만물의 마지막
누구에게나
오게 될
마지막은 누구나
원하지 않는다
그럼에도 맞이해야 하는
만물의 마지막
모르고 인간은 살아간다

부푼 꿈 속에
쌓아놓은 공력
고이 간직하려
갈등하고
땀을 흘리고
끝없는 욕심
명예
교만
시기
질투
사랑
행복
문화
한 번도
마지막이 온다고
생각하지 않는 자
마지막이 온다면
그리고
그 결과를
상상하는 사람은 없다

그래서 달콤한 현실의
행복에 속고 산다
성경은
정신을 차려라
근신하라
기도하라
지금의 방종
부르는 노래
흔드는 즐거움
폭소하는 웃음
마셔대는 알코올
도취돼버린 쾌락
깊어가는 밤
가자 장미여관으로
마광수에 열광
그들에게
마지막은 없다
예기치 않은 날
다가온 마지막
피할 수 없는

심판 재앙
끝없이 달려가는
시대여
젊음의 청춘이여
그날을
종말을
생각하는
지혜를 얻으라
빛의 자녀들은
밤에와 같이
행하지 말고
단정히 입고
아침을 기다리자
파수꾼이여
밤이 깊었으니
아침이 오리라 !!
만물의 마지막이 가까이 왔으니 !!

1. 예수 그리스도의 종이며 사도인 시몬 베드로는 우리 하나님
   과 구주 예수 그리스도의 의를 힘입어 동일하게 보배로운 믿
   음을 우리와 함께 받은 자들에게 편지하노니 _ 베드로후서 1장 1절

보배로운 믿음

믿음은 은총이다
위로부터
신기한 능력
생명과 경건
영광과 존귀
약속으로 된 것
흔들리지 않게
힘써 지켜라
믿음의 시련은
연단의 불이요
영광의 과정이요

인내의 수단이요
존귀의 내용이요
신성한 성품이요
언제라도 싸워야 할
자기의 몫이다
믿음에 덕을
덕에 지식을
지식에 절제를
절제에 인내를
인내에 경건을
경건에 형제우애를
이에 사랑을 더하라
보배로운 믿음
부르심의 열매
영광의 열매
천국의 풍성
넉넉하게 나누라
너의 보배를
더 많이
더 많이

나눌수록
더하는 보배

1. 그러나 백성 가운데 또한 거짓 선지자들이 일어났었나니 이
   와 같이 너희 중에도 거짓 선생들이 있으리라 그들은 멸망하
   게 할 이단을 가만히 끌어들여 자기들을 사신 주를 부인하고
   임박한 멸망을 스스로 취하는 자들이라 _ 베드로후서 2장 1절

거짓 지도자

거짓은
스스로 죽이는 죄이다
육체를 따르는
탐심
정욕
호색
교만
분쟁
외식
가면으로
함정을 파는

악한 모함

이단이

불신앙이다

겉으로 주를 고백하나

육체의 정욕으로 바꾸고

이단은 탐심의 샘

이단은 세속의 샘

이단은 거짓의 샘

교회를 육체의 샘

교회 안에

조용히 들어온

이단을 경계하라

그들은 거짓으로

진리를 거스리고

공회를 부인하고

불신을 전파하고

거짓을 전파하고

스스로 분쟁을 일삼는다
거짓을 삼가라
분별의 지혜를 가지라
이미 교회 안에
바닥으로 스며든
말쟁이들
발걸음을
살펴보라
마귀는 처음부터
거짓이요
거짓을 낳는 아비라
자기 정욕과
교만으로
만들어내는
입은
정욕과 탐심의
창이라
쉬지 않는 악으로
심판을 자취하느니라
사랑하는 자들아

그들의 열매를 보라
두려워하라
멀리하라
거짓은 멸망을
스스로 취하는 불행이다

10. 그러나 주의 날이 도둑 같이 오리니 그 날에는 하늘이 큰 소리로 떠나가고 물질이 뜨거운 불에 풀어지고 땅과 그 중에 있는 모든 일이 드러나리로다
11. 이 모든 것이 이렇게 풀어지리니 너희가 어떠한 사람이 되어야 마땅하냐 거룩한 행실과 경건함으로
12. 하나님의 날이 임하기를 바라보고 간절히 사모하라 그 날에 하늘이 불에 타서 풀어지고 물질이 뜨거운 불에 녹아지려니와
13. 우리는 그의 약속대로 의가 있는 곳인 새 하늘과 새 땅을 바라보도다 _ 베드로후서 3장 10-13절

그 날에

누구에게나 그 날이 있다
애써 부인하려 해도
그 날은 다가오고 있다
도적같이
때로는 서서히
피할 수 없는 그 날
손에 힘이 풀리고

자랑스런 지위도
사랑하는 사람도
그 날에는 의미가 없다
행복했던 과거도
황홀했던 사랑도
슬퍼했던 아픔도
그 날에는
없어지는 것
몸부림치면서
외쳐대던
정의도
허공의 하늘만
그래서 그 날을 잊어버리려 한다
그러나
그 날은 반드시 온다
도적같이 누구에게나
하늘이 풀어지고

체질은 녹아지는
최후의 그 날
노아 때처럼
아우성에도 불구하고
화염에 싸이는 불을 볼 것이다
두려움이 오기 전에
모든 것이
심판으로
끝이 오리라
아니라 아니라
하여도
그 날은 다가오고 있다
세상을 보라
그 날을
어떻게 맞이해야 하나
믿는 자에게 주신
지혜를 찾으라
심판에는
구원도 있고
상급도 있다

그 날을
기억하는 것이
믿음의 지혜니라

1. 태초부터 있는 생명의 말씀에 관하여는 우리가 들은 바요 눈으로 본 바요 자세히 보고 우리의 손으로 만진 바라
2. 이 생명이 나타내신 바 된지라 이 영원한 생명을 우리가 보았고 증언하여 너희에게 전하노니 이는 아버지와 함께 계시다가 우리에게 나타내신 바 된 이시니라 _ 요한1서 1장 1-2절

생명의 말씀

태초에 말씀이 있었으니
창조의 근본이시요
섭리의 주관자시요
역사의 시작이요
영원한 생명이요
영원한 빛이시니
곧 하나님이시라
성육신으로
우리에게 오셨으니
눈으로 본 바요

손으로 만진 바요
하나님의 본체시라
인간으로
속죄를 위한
저주의 제물
성부의 아가페
십자가의 복종
구원의 완성
새생명 영생
거룩의 영광
오~
사랑의 신비요
아가페의 비전
예수라는 이름으로
육신을 입으신 하나님
보여주신 사랑
예정된 사랑

십자가의 보혈
영원의 불행
죄와 사망에서
생명의 성령의 법으로
해방 자유 새 생명으로
죄인에서 의인으로
사망에서 생명으로
저주에서 영광으로
말씀이
빛으로
육신으로
우리도
육신으로
말씀으로
성령으로
성육신을 본받아
말씀으로
육신으로
하나님을 보이세
아가페를 보이세

세상의 빛을 보이세
빛의 사자들이여
태초에 말씀이
오늘에도
오늘에도
이루시는 하나님

6. 그의 안에 산다고 하는 자는 그가 행하시는 대로 자기도 행할지니라
28. 자녀들아 이제 그의 안에 거하라 이는 주께서 나타내신 바 되면 그가 강림하실 때에 우리로 담대함을 얻어 그 앞에서 부끄럽지 않게 하려 함이라 _ 요한1서 2장 6,28절

구원에 이르는 믿음

믿음은 연합이다
네가 내 안에
내가 네 안에
하나됨의 원리
빛으로
생명으로
사랑으로
십자가로
화목제로
번제물로

사랑을 보여주신
그 안에
내가 있는 것이다
믿음이 있노라 하고
불평 시기
원망 질투
분쟁 정욕
다툼 이간
냉정 분노
이런 것들은
거짓 믿음
자기 정욕
이기주의
교만 우월
스스로 속지 말라
마귀가 주는 믿음
허탄한 믿음

타락한 믿음

가라지

염소

쭉정이

꺼지지 않는 불에

영원히 영원히

주의하라

믿음에 있는가

사랑 안에 있는가

빛가운데 있는가

말씀 안에 있는가

긍휼이 있는가

온유가 있는가

겸손이 허리에 있는가

가까운 데서

실수는 없는가

그리스도의

마음으로 살고 있는가

그의 뜻으로 말하고 있는가

믿음은 연합

하나되는 것
그가 하시는 대로
사는 것
내가 아닌
사랑의 본질
십자가의 속성으로
희생
바보 바보
그 날의 영광이 되리라

1. 보라 아버지께서 어떠한 사랑을 우리에게 베푸사 하나님의
   자녀라 일컬음을 받게 하셨는가, 우리가 그러하도다 그러므
   로 세상이 우리를 알지 못함은 그를 알지 못함이라

   _ 요한1서 3장 1절

하나님의 자녀라

자녀됨의 원리
사랑의 씨
자신이 육신을 입고
죄인의 모습으로
십자가 희생의 피
자녀됨의 섭리
자녀의 명분
아버지라
자녀라
후사로
하나님의 후사로

천국의 유업을

거룩함에 영원으로

지금은 자녀라

그 날에는 그리스도와 동일한

영광으로 통치한다

아버지의 사랑이

이렇게 나타났으니

우리가 사랑을 알고

기쁘시게 하는 것이

자녀의 본분이다

그것은

계명을 지키는것

계명은 사랑

사랑하신 것 같이

서로 사랑하는 것

말과 혀로만 아니고

행함과 진실

사랑하는 자 안에
그의 사랑이 이루어지고
자녀됨의 기쁨이 있다
사랑하지 않는 자는
기쁨이 없고
생명도 없고
하나님도 없고
미움이나
숨겨둔 시기는
마귀의 씨니라
어둠에 있는 자요
구원에 이르지 못한 자라
우리가 서로 사랑함은
하나님의 자녀요
함께 유업을 이을 자요
그 속에
하나님이 계심이라
사랑함으로
생명으로 빛으로
옮겨지나니

자녀된 자들은
그의 계명대로
서로 사랑할지니
사랑하는 자가
범죄하지 않는 것은
그 안에
하나님의 씨가 있음이라
그리하여
아버지라 하고
자녀라 하느니라

9. 하나님의 사랑이 우리에게 이렇게 나타난 바 되었으니 하나
님이 자기의 독생자를 세상에 보내심은 그로 말미암아 우리
를 살리려 하심이라 _ 요한1서 4장 9절

보이는 사랑

하나님의 사랑은
보이는 사랑
성육신
십자가
부활
독생자를
보내심은
죄인을 의인으로
원수를 화목으로
인간을 자녀로
천국의 후사로

네가 보라
믿음으로
아가페의 진실을
이단은
멀리 있는 것이 아니다
성육신을 부인하고
십자가와 부활
재림의 영광을
자기 정욕으로
거짓을 자랑하는
미혹의 영으로
분열과 이간질
다툼으로
상처로
넘어지게 하는
가라지이다
조심하라

가까이에 있는지라
사랑은 여기 있으니
그가 우리를 사랑하사
죄인의 몸으로
속죄의 제물로
화목의 제물로
돌비가 아닌
심비에 새긴
영원히 변치 않는
십자가로
보여주신 사랑
생명 즉 영생이라

4. 무릇 하나님께로부터 난 자마다 세상을 이기느니라 세상을
   이기는 승리는 이것이니 우리의 믿음이니라 _ 요한1서 5장 4절

세상을 이기는 믿음

믿음은
싸우는 것
육신의 정욕
안목의 정욕
이생의 자랑
세상의 문화
세상의 풍습
자기와 싸움
이기는 것이 믿음이다
인생은
세상의 역사
문화의 바다

유행의 물결
전통의 풍습
물고기처럼
떠나서 살 수 없는
운명의 여정에서
초월해서 살 수 없는
물고기
믿음은 이것을 이기기 위한
생사의 전쟁
제주도에서
삼별초의
치열했던
마지막 항쟁
결국은 죽음으로 끝났다
세상의 전쟁은
모두 실패의 불행
여기
승리가 있다
누가 세상을 이기겠는가
믿음이 이긴다

하나님을 믿는
독생자를 믿는
십자가를믿는
부활을 믿는
재림을 믿는
이 믿음이 이긴다
승리한다
뛰어넘는다
변화시킨다
물이 포도주 된다
믿음의 능력
창조의 능력
변화의 능력
네 안에 있는 믿음이
너를 이기고
세상을 이기고
희망의 새 하늘과 새 땅을
믿음은 하나님의 능력
세상을 이기는
믿음을 가지라

자신을 이기는
자신을 창조하는
세상을 변화시키는
믿음의 사람
하나님의 사람
역사를 만드는 사람
문명을 만드는 사람
네 믿음으로
하나님을 보이라
최후의 십자가를 높이 들라

건강하게 꽃 피우고
풍성한 열매를 맺는다
네 영혼
하나님의 생기로
채워져라 충만하게
신령한 말씀으로
은사의 생활로
순종의 미덕으로
영혼의 대로가
네 앞에 펼쳐지리라
너는 범사에
그를 인정하라
그리하면
네 길을 지도하시리라
스스로 지혜롭게 생각하지 말라
영혼의 지혜를 구하라
순종을 기도하라

범사가 형통하리라
네 입에서
말씀을 떼지 말라
네 귀에서 멀리하지 말라
행하라 순종하라
네 길이 형통하리라
말씀을 먹으라
입으로
마음으로
삶으로
영혼이 잘되고
범사에 돕는 자가
떠나지 아니하리라
건강한 영혼
건강한 육신
건강한 생활
건강한 생각
건강한 사랑
하나님의 은혜라
아가페의 사랑이라

3. 사랑하는 자들아 우리가 일반으로 받은 구원에 관하여 내가
   너희에게 편지하려는 생각이 간절하던 차에 성도에게 단번
   에 주신 믿음의 도를 위하여 힘써 싸우라는 편지로 너희를
   권하여야 할 필요를 느꼈노니 _ 유다서 1장 3절

믿음의 도

부르심 은총
사랑의 역사
성령의 인도
구원의 섭리
믿음으로 이루어진
하나님의 뜻
굳게 지키라
믿음을 따라 살라
가만히 들어온
육신을 따르는 자들이
세상의 것으로 유혹한다

보기에 탐스러운
정욕 명예
음란 호색
물질 욕심
다툼 고집
진리를 보이는 것으로
경건을 형식으로
복음을 세상으로
독생자를 부인하고
은혜를 방탕한 것으로
주의하라
질서를 파괴하고
다툼을 일삼고
종교 의식에
만족하며
의인이나 속에는 탐심
경건의 모양은 있으나
능력은 부인하는 자들
판단의 주인이 되고
정죄를 일삼으며

파벌을 만들며
자기 군대를 모으는 자들이라
이들은 가인의 예배자요
발람의 가는 길이요
정욕을 위한 거짓 목자요
밀려다니는 비없는 구름
뿌리 없는 나무
흑암에 영원히 떨어질
그 별들이라
깨어 있으라
그가 오시리라
많은 천군과 함께
경건하지 아니한 자와
그의 일들을
심판하시리라
에녹의 예언
주님이 말씀하신 대로
온 백성이 보리라
그를 인하여 통곡하리라
구름을 타고

백마를 타고
우리는 그의 약속대로
새 하늘과 새 땅을 바라보도다
마라나타 !
아멘 !
주 예수여 오시옵소서 !

〰〰 제6장 〰〰

요한계시록

3. 이 예언의 말씀을 읽는 자와 듣는 자와 그 가운데에 기록한 것을 지키는 자는 복이 있나니 때가 가까움이라 _ 요한계시록 1장 3절

복이 있나니

복있는 사람은
인생을 복으로
은혜로 감사로
즐겁게 즐기며
베풀며 나누며
범사에 참으며
범사에 믿으며
내가 아니고
하나님
우리가
네가
중심이 되는 사람

자식에게 좋은 것으로
아버지의 마음
인생을 아비에게 물으라
지혜를 말하리라
노인에게 구하라
네 길에 힘이 되리라
지혜의 근본은
하나님
말씀으로
복있는 사람은
말씀을 가까이
묵상하는 자
사모하는 자
즐거워하는 자
순종으로
이루어가는 자
열매를 맺는 자
추수의 때를 기다리는 자
언제라도
재림의 주님

열매로 보답할 수 있는 자
복있는 자니
너는
이 사람이 되라
말씀의 사람
지혜의 사람
열매의 사람
최후에 남는 자
천국의 주인공

3. 이 예언의 말씀을 읽는 자와 듣는 자와 그 가운데에 기록한 것
   을 지키는 자는 복이 있나니 때가 가까움이라 _ 요한계시록 1장 3절

때가 가까움이라

때가 가까이 온다
바라지 않아도
기다리지 않아도
가는 세월
오는 세월
쉬지도 않는다
모르고
천년 인생
살 것만
모을 것만
누릴 것만
때를 모르는 인생

그러나
때는 가까이 온다
무화과나무의 비유
일월성신의 변화
돌 하나도 남지 않고
무너질 성전
전쟁과 난리
지식의 발달
문명의 극치
호모 데우스
주님의 예언대로
때가 가까이
가까이
발리의 분화구의 위협
백두산의 폭발의 불안
안일한 인생들의
해외여행

아니라고
애써 잊어보려고
향락에 심취
지식에
종교에
취미에
사과나무를
또 올리브나무를
꿈을 위해 심는다
그러나
때가 가까이 오고 있다
그 때를 아는가
부정해도 부정해도
때는 가까이
흔적도 없이
무가 될 것
나의 존재는
어떻게 될까
그 날의
남는 자가 되기 위하여

영광을 위하여
말씀을 네 입에서
떼지 말며
멀리하지 말고 그 안에서
십자가로 순종하는
지혜의 믿음
인내의 믿음
고난의 믿음
거룩의 믿음으로
예비된 유업의
상속자가 되라
때가 가까움이라

10. 주의 날에 내가 성령에 감동되어 내 뒤에서 나는 나팔 소리 같은 큰 음성을 들으니 _ 요한계시록 1장 10절

주의 날에

주의 날은
이레 중 하루
안식을 위하여
창조의 은총을
하나님과 함께
즐기기 위하여
거룩한 날로
복 받는 날로
예비된 날이다
네 수고를 그치고
오락을 그치고
에덴의 즐거움에

성회의 즐거움에
참여하라
복된 날이 되리라
말씀이 임하는 날
은혜와 감동의 날
성령의 임하는 날
변화의 은총
기적의 은총
주일의 축복이 되리라
주의 날은
부활의 기쁨
새 생명이 선포된 날
역사가 바꾸어진 날
인생이 바꾸어지는 날
어둠이 사라지고
빛으로 충만한 날
거룩으로 지키는 자에게

안식의 복을 누리리라
주의 날에
성령의 임재로
말세의 역사와
비밀을 보리라
말씀을 들으리라
주의 날에
네 영혼이 살고
영원의 비전을 보고
꿈의 사람 환상의 인생
새 하늘과 새 땅의
주인공이 되리라

4. 그러나 너를 책망할 것이 있나니 너의 처음 사랑을 버렸느니라

_ 요한계시록 2장 4절

처음 사랑을

첫 사랑
가슴이 뛰었다
얼굴이 뜨거웠다
잠이 오지 않았다
그리움이
보고픔이
보고 또 보고
아쉬움
밤 낮 불러도
늘 아쉬움
찬송
기도

밤을 새며
울며 또 울어도
기쁨이요 감사였다
나의 기쁨
나의 소망
나의 생명
두려움이 없어요
죽음이라도
막을 수 없는 사랑
오직
당신만
부르고
또 부르고
외치다 죽고 싶은
그 열정 순정
첫 사랑이여 !!!
지금 나는
왜 ?
방황하는가
누가

이 기쁨 이 행복을
시들게 했나
가인이 들어왔나
발람이 흔들었나
니골라가 유혹했나
보이는 선악과
보암직하고
탐스럽고
지혜롭고
즐거움의 유혹
성공의 매력
첫사랑은
형식으로
인정으로
변해 버렸네
잃어 버렸네
사랑의 생명을
가슴도 식어버리고
어디에서 잃어버렸나
약동하는 생명

첫사랑의 행복
회복하라
뜨거운 가슴
감격의 눈물
찬송의 기쁨
기도의 영성
말씀의 감동
순종의 순교
목숨을 걸어라
사랑을 위하여
믿음을 위하여
첫사랑을 회복하라

1. 사데 교회의 사자에게 편지하라 하나님의 일곱 영과 일곱 별을 가지신 이가 이르시되 내가 네 행위를 아노니 네가 살았다 하는 이름은 가졌으나 죽은 자로다 _ 요한계시록 3장 1절

이름은 있으나

누구나 이름은 있다
죽어도 이름은 있다
이름은 그 사람이다
이름은 그 신분이다
이름은 그 명예이다
나무에도 이름이 있다
열매로 이름을 안다
풍성한 열매로
나무의 가치가 올라간다
주인의 기쁨을 가져온다
수고의 보람을 보답한다

그러나 열매없는 나무
이파리만 무성한 나무
주인의 아쉬움과 분노
찍어버린다
불에 태워버린다
지금도 외친다
세례 요한이
회개의 합당한 열매를 맺으라
천국이 가까이 왔다
도끼가 이미 나무 뿌리에
놓여있다
아름다운 열매 맺지 않는
나무마다 찍어버린다
이름만 있고
열매 없는 나무
믿음이 있다 하고
행함이 없는 믿음
영혼 없는 몸
생명 없는 몸
이름은 있으나 죽은 몸

열매로 나무를 안다
좋은 나무 좋은 열매를
이름에 합당한 열매
이름은 있는데
열매는 없다
거룩한 이름
성직을 받고
성의를 거치고
거룩한 예식으로
예배를 하고
찬양의 함성
경건의 행사
그 속에 성령은 없고
모양은 있는데 능력은 없고
종교의 열정으로
스스로 의로움으로
천국백성이라고
자축하는 바리새인
그 속에
생명이 없다

세상과 타협
향락에 도취
물질에 도취
명예에 도취
스스로 속고 있는
종교로 살아가는
뿌리 없는 나무
열매 없는 나무
살았다 하는 이름은 있으나
실상은 죽은 자들이다

8. 볼지어다 내가 네 앞에 열린 문을 두었으되 능히 닫을 사람
   이 없으리라 내가 네 행위를 아노니 네가 작은 능력을 가지
   고서도 내 말을 지키며 내 이름을 배반하지 아니하였도다

_ 요한계시록 3장 8절

작은 능력을

믿음은 능력이다
세상을 이기는
환경을 이기는
자신을 이기는
역사를 만드는
기적을 만드는
그래서 믿음이 있는 자가
세상을 이긴다
인생을 성공한다
역사의 주인이 된다
끊임없는

세상 유혹
박해와 핍박
성공의 매력
물질의 유혹
안목의 정욕
생명의 포기
미련한 고집
작은 믿음의 능력이다
이 믿음이
역사의 문을
희망의 문을
평화의 문을
번영의 문을
창조의 문을
자물쇠를 풀어버린다
미래의 문을 열어버린다
잡으라
굳게 잡으라

네 믿음이

너를 구원하고
가정을 구원하고
민족을 구원하고
시대의 선구자로
역사의 영웅으로
위대한 선교사로
영광의 순교자로
네 작은
의의 빛이
길이 길이 빛나리라

1. 이 일 후에 내가 보니 하늘에 열린 문이 있는데 내가 들은 바 처음에 내게 말하던 나팔 소리 같은 그 음성이 이르되 이리로 올라오라 이 후에 마땅히 일어날 일들을 내가 네게 보이리라 하시더라 _ 요한계시록 4장 1절

열린 하늘의 문

하늘 위에
보좌가 있는데
조물주 만군의 여호와
이십사 장로들
우주의 신비한 조화
세상의 존재의 경륜
국가의 흥망성쇠
인간들의 운명
구원의 섭리
보좌에서
은총의 샘물이

세상으로 흐르더라
열려진 하늘의 문
네게도 열려져라
속죄의 은혜
해방과 자유
성령의 인도
자녀의 권세
하늘의 유업
세상을 다스림
영원을 다스림
십자가의 은총
부활의 생명
영원의 천국
영생으로 그리스도와
영광을 누리리라
준비된 새 하늘과 새 땅
하늘 보좌의 은총

성령의 감동으로
네 눈이 열려라
열려진 하늘의 문
믿음과 행함이
사랑과 희생이
봉사의 기쁨이
헌신의 생활이
예배의 감격이
찬송의 고백이
은혜의 눈물이
기도의 무릎이
감사의 제물이
보좌의 제단에
열려진 하늘 문으로
향이 되어 올라간다
여호와의 기쁨이요
영광이 되리라
때가 되면
보좌로부터
경륜하신 대로

세상은
불로 심판하시리라
영원히 !!
너희는
하늘 문에 들어가서
보좌 앞에 서리라
일곱 눈의
어린 양이
너의 수고
너의 인내
너의 경건
너의 희생
너의 믿음대로
유업을 상으로 주리라
성령의 감동으로
열려진 하늘의 문을
바라보며 살라

1. 내가 보매 보좌에 앉으신 이의 오른손에 두루마리가 있으니 안팎으로 썼고 일곱 인으로 봉하였더라 _ 요한계시록 5장 1절

두루마리

하늘 위의 보좌에
여호와의 손에
두루마리가 있다
일곱 인으로 인봉되었다
비밀의 책
역사의 책
인봉된 책
기록된 책
누가 그 비밀을 알 수 있나
삼위일체 여호와의
경륜과 구원의 섭리
그 인봉을 떼신 분이

십자가의 희생으로
역사의 주인이 되신
주 예수 그리스도
선택받은 자
끝까지 남은 자
선행으로 복음을 전한 자
순교로 복음의 씨를 뿌린 자
그들이 행한 대로
기록된 것을
보좌의 두루마리에
인봉되어 있다
상급의 책이다
여호와의 눈은
광대하심
믿음의 행위대로
기록하시니
행위대로 상을 주신다

그가 속히 오신다
상을 가지고
행한 대로
두루마리를 받아 가지고
의로운 심판자로
네 이름이
그 날에
믿음으로 빛나라
네 행위가 영광이 되라
두루마리 안밖에는
통곡과 탄식이
재난과 재앙이
심판과 종말이
빼곡히기록되었으니
불의를 행한대로
심판을 받아
영원의 탄식으로
꺼지지 않는 불
두루마리 기록된 대로
영원의 불행

그 날이
가까이 오고 있다
속히 오고 있다
인봉을 떼신 분이
기록된 대로
공의로운
심판의 주로
만왕의 왕으로
마라나타
아멘 ! 주 예수여
오시옵소서
그 날에
그의 영광에 들어가라

1. 내가 보매 보좌에 앉으신 이의 오른손에 두루마리가 있으니
   안팎으로 썼고 일곱 인으로 봉하였더라 _ 요한계시록 5장 1절

일곱 인봉

하나님의 경륜
우주의 신비
자연의 신비
비밀이다
인류의 역사
인류의 문명
인생
죽음
종말
구원의 섭리
피조물에게
완전한 비밀

일곱 인봉
여호와의 비밀
완전한 수
일곱으로
인봉된 비밀이다
하나님의 비밀이다
피조물인 인간은
누구도 인봉을 뗄 수 없다
하나님의 비밀을 볼 수 없다
독생자요
창조의 근본이요
본체의 하나님
성육신으로
아가페의 섭리로
피조의 세계에 오신
그리스도가
십자가의 속죄로

AD와 함께
인봉을 떼기 시작하셨다
인봉을 뗄 때마다
역사는 펼쳐지고
문화는 생성되고
비밀이 펼쳐지게 된다
지금껏 그러했고
앞으로도 인봉이 떼어질 때마다
역사는 이루어진다
눈을 뜨자
세상을 보는 눈
신비를 보는 영의 눈
분별하자
그리고
때를 따라 살라
앞으로 떼어질
인봉이 얼마인가
마지막 일곱 인봉의 때는 아닌가
깨어라
근신하라

밝아오는 빛을
너의 세계로
만들 준비가 됐는가
새 역사의 인봉 시대를
준비하라

2. 내가 보매 하나님 앞에 일곱 천사가 서 있어 일곱 나팔을 받
   았더라
6. 일곱 나팔을 가진 일곱 천사가 나팔 불기를 준비하더라

_ 요한계시록 8장 2,6절

일곱 나팔

하나님의 나팔
천사들에 의하여
불려진다
일곱 천사가
명을 따라 분다
나팔 소리는
경고의 소리다
알리는 소리다
신호의 소리다
너는
나팔소리를 듣는가

여호와의 명을 따라
일곱 천사의
하나씩
나팔이 울려 퍼지는
경고의 소리로
심판의 소리로
나팔소리가
울려 퍼질 때마다
세상은 진동하고
일월성신의 변화가 있고
나팔이 불려지니
기근이 있고
전쟁과 난리
나팔소리가 나니
지진과 쓰나미
화산의 두려움
백두산도

히말라야도
북극의 얼음도
알프스의 아름다움도
불 덩어리로
세상을 덮을 것이다
너는 듣는가
저 천사의 나팔소리를
인본주의
문명의 세상
만능의 인간
사피엔스
호모 데우스 _Homo Deus
스스로 자멸의 인간
천사의 나팔소리와
인생의 두려움
파멸의 두려움
불을 만드는 인간
불의 희망이
체질을 녹아지게 하는
불행에 속고 사는 인생

기억하라
마지막 천사의 나팔을
너의 눈이 이것을 보라
네 귀가 이것을 들으라
귀 있는 자
지혜 있는 자는
일곱 천사의 나팔소리를
믿음은 들음이요
믿음은 행함이요
믿음은 준비이다

1. 또 내가 보니 보라 어린 양이 시온 산에 섰고 그와 함께 십사
   만 사천이 서 있는데 그들의 이마에는 어린 양의 이름과 그
   아버지의 이름을 쓴 것이 있더라 _ 요한계시록 14장 1절

십사만 사천

십사만 사천 성도
시온산에서
어린양과 함께
찬양의 노래
영광의 노래
승리의 노래
거문고와 함께
새 노래를 부르는 자들
음행하지 않고
순결을 지키고
경건을 지키고

믿음을 가지고
소망을 가지고
순교의 피를 흘리고
세상에 전파해야 할
복음을 가진 자들이라
바벨론의 문명에
물들지 아니하였고
인내와 소망으로
거짓을 버리고
진리를 위하여
부귀를 버리고
희생을 기뻐하며
고난을 자산으로
우상을 버리고
우상과 싸우며
하나님의 뜻을 순종하며
하나님 나라를 세우며

순교의 피로
세상을 변화시킨
진리의 사람
믿음의 사람
성령의 사람
사랑으로 열매를 맺어서
주인의 영광이 되는 사람
각자의 이마에
인을 맞은 자들
하나님의 자녀로
천국의 시민으로
영생의 복을 받은 자들
시온산에서
어린양과 함께
거문고와 함께
새 노래로
하나님을 찬양하는 자
시온산에
십사만 사천
거문고와 함께

새 노래를 부르라
그날에 !!

1. 또 내가 들으니 성전에서 큰 음성이 나서 일곱 천사에게 말
   하되 너희는 가서 하나님의 진노의 일곱 대접을 땅에 쏟으라
   하더라 _ 요한계시록 16장 1절

일곱 대접

일곱 대접은
진노의 대접
재앙의 대접
심판의 대접
공의의 대접
종말의 심판
하나님의 명대로
이 세상에 내려질
진노의 바람
재앙의 소나기
행한 대로
기록된 대로

펼쳐질 재난
어떤 것도 막을 수 없는
누구도 피할 수 없는
천재의 재앙
종말의 심판
하늘이 말리고
체질은 불에 녹고
숨겨진 것이 다 드러나고
눈을 들어보라
대접이 쏟아지는 것을
그의 명령이
순서대로
그래도 깨닫지 못하는 자
우상숭배자들
문명에 빠진 자들
배로 명예를 삼고
쾌락을 우상으로

십자가를 원수로
경건을 비웃는 자들
짐승의 이름으로
인 맞은 자들
열매 없는 무화과나무
못된 나무 못된 열매
쭉정이 곡식
가라지
염소
기름 없는 등불
바리새인
의식으로 만족하는
전통으로 자랑하는
교리로 목숨을 건자
종교인들 지도자들
하나님의 대접
쏟아지는
그 날에
스스로 속고
탄식하며 이를 갈며

쾌락의 세상

내일은 없다

바벨론 성 귀신의 처소

더러운 영이 모이는 곳

가증한 새들이 모이는 곳

음행의 포도주로

도취된 인간들

임금들 상인들

심판을 모르는

마약에 중독자들

동성연애

에이즈의 고통

어린아이들에게까지

반드시 끝은 온다

옹기점의 연기처럼

불과 유황으로

소돔 고모라처럼

체질이 녹아지는 날
그 심판에
흔적도 없이 사라지리라
맷돌이 태평양 바다에
던짐같이 우주에서
보이지 않으리라
내 백성아!
속히 나오라
뛰어 나오라
살기 위하여
생명의 결단으로
그들과 함께
심판을 받지 말라
살고 싶거든
문명을 거슬러라
산 물고기처럼
롯처럼 하지 말라

11. 또 내가 하늘이 열린 것을 보니 보라 백마와 그것을 탄 자가
    있으니 그 이름은 충신과 진실이라 그가 공의로 심판하며
    싸우더라 _ 요한계시록 19장 11절

재림의 주

할렐루야 !
구원과
영광과 존귀로
세상을 더럽힌
음녀의 심판자로
승리의 왕으로
펼쳐진 보좌에
어린양의 혼인 기약대로
세마포로 준비된 신부
부르심을 위하여
백마 타고 오시는도다

구름을 타고 오시는도다
어린양의 혼인을 위하여
할렐루야
복이 있도다
청함을 받은 자들
흰 세마포로 단장
신랑 맞을 준비로
가슴이 뛰고
감격의 찬양
우리 신랑 오시네
백마 타고 오시네
피묻은 옷을 입으셨네
하늘에 뒤따르는
흰 옷 입은 천군이
백마를 타고 따르네
오시옵소서
혼인 기약대로
하늘잔치 영광의 잔치
만남의 잔치
피묻은 손으로

눈물을 씻어주시고
순교의 피를 씻어주시고
예비된 상급
예비된 잔치
영혼의 잔치
하늘의 잔치
성도의 소망
구원의 완성
할렐루야 할렐루야
영혼의 찬양으로
기쁨이 충만하리라
때는 가까이 오는데
나팔 소리 울려오는데
깊은 잠에 꿈꾸는 자들이여
기름은 준비되었나
세마포는 준비되었나
마라나타
아멘 주 예수여
오시옵소서 !!

4. 또 내가 보좌들을 보니 거기에 앉은 자들이 있어 심판하는 권세를 받았더라 또 내가 보니 예수를 증언함과 하나님의 말씀 때문에 목 베임을 당한 자들의 영혼들과 또 짐승과 그의 우상에게 경배하지 아니하고 그들의 이마와 손에 그의 표를 받지 아니한 자들이 살아서 그리스도와 더불어 천 년 동안 왕 노릇 하니 _ 요한계시록 20장 4절

천 년 동안

천 년 동안
인간을 괴롭히던 사단
결박당하여 무저갱으로
인봉하여 가둔다
죄가 없는 세상
유혹이 없는 세상
사랑의 기쁨
평화와 자유
하늘의 잔치

어린양의 혼인잔치
거룩함에 이른 자
복음을 위하여 순교한 자
짐승과 함께 하지 아니한 자
우상에게 경배하지 아니한 자
짐승의 인을 받지 아니한 자
그리스도의 영광으로
다시 살아서
산 성도는 변화되어
공중으로 올라가서
어린양의 혼인잔치
어린양과 함께
왕 노릇하리니
우주를 다스리는
하나님의 유업을 받은 자라
복 있는 자들
첫째 부활에 참여한 자

둘째 사망의 해를
받지 않고
그리스도와 함께
고난의 십자가가
부활의 생명으로
그리스도의 생명으로
그리스도의 영광으로
영화로운 시온성의
은총을 누리게 되리라
크고 흰 보좌(백보좌)
어린양이 앉으시니
하늘과 땅이 없어지고
각 처소에서(바다와 땅)
죽은 자들이 나와서
심판을 받는다
하나님의 책에
기록된 대로 행위대로
생명책에 기록되지 아니한 자들
다 불과 유황으로 던지더라
복되도다

어린양의 혼인잔치에
부름 받은 자들은
마지막 나팔에 다시 살고
살아있는 자는 변화하리니
공중으로 올려져
거기서 그리스도와 함께
영광 중에 왕노릇하리라
천 년 동안에

1. 또 내가 새 하늘과 새 땅을 보니 처음 하늘과 처음 땅이 없어
졌고 바다도 다시 있지 않더라 _ 요한계시록 21장 1절

새 하늘과 새 땅

새 하늘과 새 땅
거룩한 세상
준비된 세상
새로운 질서
새로운 문화
영원의 세상
옛것은 없어지고
보이지 않더라
새 하늘과 새 땅
불의가 없는 세상
눈물이 없는 세상
애통하는 것이나

아픈 것이나
사망이 없는 세상
공의와 평화가 충만하여
하나님이 다스리는 세상
하나님이 함께 계시니
우리는 백성이 되고
그의 자녀가 되어
아버지라 부르고
자녀로서 영원한
영광과 권세를 받더라
새 예루살렘이
사람들과 함께 있으니
그의 아름다움이 비할 바 없더라
보좌에 앉으신 이에게
빛이 있으니 영광이요
해와 달이 필요없으며
언제나 열려있는 문

밤이 없는 세상이라
누구나 언제든지
성문에 들어가며
그 영광에 살더라
빛나는 성전
아름다움의 성전
못보던 것들이라
성곽은 벽옥으로
성전은 정금으로
기초석은 보석으로
문은 각각 진주로
동서남북 열두 문
만국의 영광과 권세가
그리로 들어가더라
이기는 자는
이것들을 유업으로
영원히 상속되더라
그러나
두려워하는 자들
믿지 아니하는 자

거짓말하는 자들
음행하는 자들
살인자들
우상숭배자들은
불과 유황으로 가더라
새 하늘과 새 땅
약속대로
의의 거하는 바
십자가의 언약으로
바라보도다
준비된
새 하늘과 새 땅
그 날의 영원의 영광
우리의 믿음이라

1. 또 그가 수정 같이 맑은 생명수의 강을 내게 보이니 하나님
   과 및 어린 양의 보좌로부터 나와서 _ 요한계시록 22장 1절

생명수

수정같은
생명수의 강이
하나님과 어린양의
보좌로부터 흘러 나오더라
흘러가는 곳에
강 좌우에
생명나무가 있고
열두 가지 열매가
매달 끊임없이
열리더라
그 이파리는
만국을 치료하는

약이 되더라
성도들이 생명수로
갈함이 없고
아픈 것이 없고
보좌의 빛으로
밤과 낮이 없고
저주가 없고
거룩한 길에
거룩한 자들이
세마포를 입고
서로를 알게 되니
만남이 행복이라
거기서
하나님의 백성들이
영생하더라
이것이
준비된 천국이라

보라
어린양이 속히 오리니
네 있는 자리에서
있는 그대로
준비하라
각자에게 행한 대로
상을 가지고 오시리라
더러운 자는
그 성에 없더라
자기 흰두루마기를 빠는 자들
경건으로
믿음으로
순종으로
사랑으로
어린양과 함께
이긴 자들이
생명수를 마시고
생명과일 먹으며
영원의 영광으로
새 하늘과 새 땅에서

영생하리라
내가 가서
처소를 예비하면
다시 와서 나 있는 곳에
너희를 영접하여
영원히 함께 있으리라
이것들을 증거하신
어린양이
내가 진실로
속히 오리라
아멘 !
파루시아 !
사랑하는 자야
생명수 강으로
네 영혼이
하나님의 생명으로
거룩함으로 영생하라

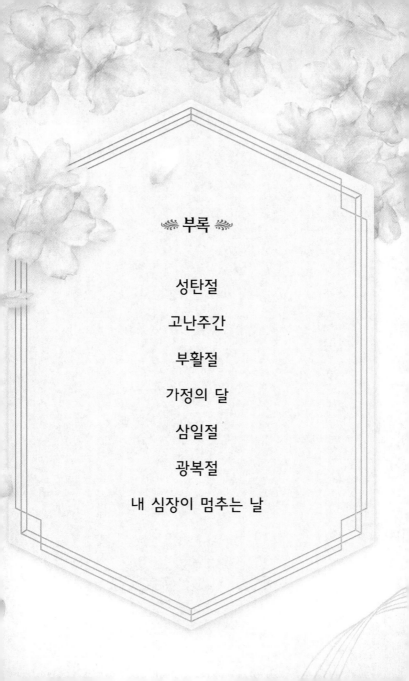

≋ 부록 ≋

성탄절

고난주간

부활절

가정의 달

삼일절

광복절

내 심장이 멈추는 날

7. 첫아들을 낳아 강보로 싸서 구유에 뉘었으니 이는 여관에 있
   을 곳이 없음이러라 _ 누가복음 2장 7절

여관에 있을 곳이 없음이라

거리마다 사람들로
어깨들이 부딪친다
여러가지 다양하게
울려나는 캐롤의 아름다움은
크리스마스의 즐거움으로
사람들은 어깨를 흔들며
희희낙락 여기 치앙마이도
크리스마스가 있는가 보다

온 세상이 즐거움으로
크리스마스의 인생을 노래한다
공연이 있다

상가의 이벤트
젊은이들의 로맨스
모두가 선물을 보내고
선물의 기대감 속에서
가족들과 친지들과
파티의 즐거움은
크리스마스의 행사로
온 밤을 지새우면서
즐기는 사람들로 북적이고 있다

여기 한 분이
초라한 모습으로
여기저기 웅성대는 사람들 속에
기웃기웃거리는 나그네가 있다
관심 밖에 사람
끼우지 못하는 사람
도취된 사람들은
이웃에 관심이 없다
이 건물 저 건물 다녀봐도
받아주는 사람 하나 없어

싸늘한 밤거리
외로이 다니는
그분은 누구일까
혹여 찾아오신 주님은 아닐까

베들레헴에
사관에
방이 없어서
마구간에 들어간 마리아
예수님 탄생의 자리였다
지금도 사관에 방이 없다
가득찬 인생들의 모습
오늘밤도 찬바람
휘날리는 눈바람
시장하고 지친 모습
초라한 모습으로 오늘밤도
헤매이시는 그분은 누구인가
나에게는 방이 있는가
우리에게는 방이 있는가
교회마다 가정마다

화려한 트리와 캐롤이 있는데
여전히 그분은 밖에서
밤이 다하도록 헤매고 계신다
사관에 있을 곳이 없어서

_ 2017년 12월 24일 초원의 묵상 (성탄의 이브)

8. 많은 사람들은 자기들의 겉옷을, 또 다른 이들은 들에서 벤 나뭇가지를 길에 펴며

9. 앞에서 가고 뒤에서 따르는 자들이 소리 지르되 호산나 찬송하리로다 주의 이름으로 오시는 이여 _ 마가복음 11장 8-9

종려주일

수많은 군중들
예루살렘은 인산인해다
호산나 호산나
소리와 함께
어린 나귀를 타신 예수
입성으로 온 성은
소동이 벌어졌다
다윗의 자손이여
주의 이름으로 오시는 이여
호산나 우리를 구원하소서
호산나 우리를 구원하소서

자기들의 옷을 벗어 길에 깔고
손에 손에 종려가지를 들고
환호하는 저 군중들
예수님은 들으신다
군중들의 함성
그러나 그 속에서
십자가에 못 박으소서
십자가에 못 박으소서
배신의 소리
완악의 소리
반역의 소리
저주의 소리

말없이 어린 나귀 타시고
입성하시는 예수님
군중이 아닌 십자가를
바라보시고 당당히 입성하신다
이 땅에 오신 목적을 이루시고
하나님께 영광이 되기 위해
때에 따른 발걸음

무지한 군중의 환호를
탄식하신 예수님

오늘도
예루살렘에는
군중들이 인산인해
종려주일
고난주간
호산나를 외치며
화려한 고난의 행사
주님은 무엇을 보실까
내 인생에서
삶의 현장에서
호산나를 볼 수 없는
교회들이여
주님의 탄식은
호산나의 비극이다
교회여
성도들이여
진정으로 호산나

다윗의 자손 우리 왕이여
신앙으로 외치는 종려주일이 되자

_ 2018년 3월 26일 초원의 묵상

13. 화 있을진저 외식하는 서기관들과 바리새인들이여 너희는
    천국 문을 사람들 앞에서 닫고 너희도 들어가지 않고 들어
    가려 하는 자도 들어가지 못하게 하는도다 _ 마태복음 23장 13절

외식하는 바리새인 서기관들

모세의 자리에서
교훈과 가르침
랍비의 이름으로
경건의 모양으로
존경을 받으면서
거리에서 기도하며
과시하는 바리새인 서기관
교훈과 가르침을 받되
행위는 본받지말라

위선은 신앙이 아니다
거짓은 불신앙이다

위선은 반역의 행위다
위선은 교만이다
거치는 돌이다
상처의 돌이다
자기도 못 들어가고
다른 사람도 못 들어가게 한다
남에게만 짐을 지우는 행위다
화 있을진저
외식하는 바리새인이여
회칠한 무덤이여
대접의 안을 깨끗이 하라

모양을 내는 교회여
웅장하고 화려한 교회들이여
모여드는 무리들이여
내 안에 나는 주님이 있는가
얻고자 하면 잃을 것이요
잃고자 하면 얻는 진리를
대접의 안은 깨끗하게 되었나
믿음이 없으면서

경건의 모양으로
사랑이 없으면서
입으로 사랑하며
교훈하며 가르치며
두 얼굴의 신앙으로
예배하는 위선자들
세속화를 정당화하는
교회여
예수님은 갈보리로 향하신다
조롱과 멸시를 받으며
십자가를 조롱하는
오늘의 바리새인이여
고난 주간이
나에게 고난 주간
회개의 고난 주간
벗어나게 하소서
골고다로 가게 하소서
화 있을진저
현대 바리새인이여

_ 2018년 3월 29일 초원의 묵상

46. 제구시쯤에 예수께서 크게 소리 질러 이르시되 엘리 엘리
라마 사박다니 하시니 이는 곧 나의 하나님, 나의 하나님,
어찌하여 나를 버리셨나이까 하는 뜻이라 _ 마태복음 27장 46절

엘리 엘리 라마 사박다니

죄의 값은 잔인하였다
버림
저주
외면
아들이시라도
엘리 엘리 라마 사박다니
나를 위한 부르짖음
속죄 속량
거룩을 위한 희생
온전한 아가페
보여주신 긍휼
하나님의 예정

감사 감격 눈물
생명을 드린들 어찌 하오리까

모의하고 배신하고
모욕하고 악담하고
십자가에 못 박은 죄인들
그들의 죄가 돌아가지 않도록
사랑과 용서의 피흘리심
인간으로 겟세마네의
땀방울이 핏방울이 되고
사랑은 이기고 이기고
수치와 모욕 아픔의 고통
감당하는 사랑을 보이시며
고난의 주가 되신 예수님

아버지의 뜻이기에
아버지의 사랑이기에

당신의 사랑을 십자가로 실천하신 주님
성경은
우리는 다 양 같아서 제 길로 갔거늘
우리의 모든 죄악을 그에게 담당시키셨도다
긍휼에 풍성한 사랑의
희생을 십자가로 보여주셨다

오 주여 !
십자가 없는 신앙
사랑이 없는 신앙
희생이 없는 신앙
부활의 희망에 들떠있는
십자가 없는 성공에 꿈을 꾸는
디지털의 신앙을 용서하옵소서

고난주간에 다시 한 번
엘리 엘리 라마 사박다니
기억하게 하소서
십자가의 긍휼을 기억하게 하소서

_ 2018년 3월 30일 초원의 묵상

57. 저물었을 때에 아리마대의 부자 요셉이라 하는 사람이 왔
   으니 그도 예수의 제자라 _ 마태복음 27장 57절

그도 예수의 제자라

흩어진 제자들
불안 두려움
적막한 골고다 _해골 골짜기
외로이 서있는 세 개의 십자가
해는 져가고
어둠 짙어갈 때
따르던 무리는 어디에 있나
숨겨져 있던 제자
아리마대 요셉
당돌하게 빌라도에게
시체를 달라
준비된 자기 무덤에

세마포로 정성껏 모셨다
제자는 자기를 포기한 자다
주님을 위하여
최후의 책임을 지는 자
아리마대 요셉
그도 제자였다

제자훈련 받는 자
성경공부 하는 자
오늘의 제자들
십자가의 골고다에
다들 어디 있나
앞 다투어 제자로 자처하는
열심당원들
경건의 모양으로
앞서가고 있는 자들
책임을 져야 하는 때
양보하는 자리에서
제 갈 길로 다 흩어진 제자들
원망과 불평과 정죄로

비판과 다툼으로
아수라장이 되는 교회
에고이즘의 노예처럼
보이는 곳에서 성자가 되고
십자가는 외면하는 제자들
아 ~~
오늘의 교회여
골고다의 제자들은 어디 있나

아니다
그래도 숨겨둔 칠천 명
숨겨진 제자 아리마대 요셉
목숨을 건 제자
주님을 위해
자기 무덤으로 섬기는
제자들이 교회를 세워간다
고난주간에
나는 어떤 제자인가
생각해본다
말없이 숨겨진 제자

자기를 희생하는 제자
내 믿음을 점검해본다

_ 2018년 3월 31일 초원의 묵상

5. 여자들이 두려워 얼굴을 땅에 대니 두 사람이 이르되 어찌하
   여 살아 있는 자를 죽은 자 가운데서 찾느냐 _ 누가복음 24장 5절

어찌하여 산 자를
죽은 자 가운데서 찾느냐

잊지도 보지도 듣지도 못한
부활
다시 산다
영원한 생명으로
무덤의 절망에서
무덤의 문이 열리다
어찌하여 살아있는 예수를
무덤에서 찾느냐
살아나셨다
열린 무덤을 보라
누워 있던 흔적을 보라

너의 믿음이 어디 있느냐

사망 권세 이기셨네
무덤 문을 여셨네
부활의 첫 열매
부활의 생명
다시 사셨네
영생으로
믿는 자에게
부활 생명 주시고
영생하게 하셨네
할렐루야 !!
찬양하여라
하나님이 뜻이 이루어졌네
우리 부활하겠네
부활 생명으로 영생하겠네
천국에서 영원히 영원히
하나님 아버지 모시고
새 하늘과 새 땅에서
주와 함께 영생하겠네

죄와 어둠
사망 권세
사망 두려움
사라졌네
빛이 왔네
이 부활의 아침
온누리에 임하소서
온 교회에 심령마다
사월과 함께 찾아 온
새 생명의 부활
그리스도와 함께
부활 신앙으로 살게 하소서

_ 2018년 4월 1일 초원의 묵상 (부활절 아침)

16. 그 어린 아이들을 안고 저희 위에 안수하시고 축복하시니라

_ 마가복음 10장 16절

자녀를 위하여 축복하라

사랑하는 만큼
기대하는 만큼

자녀의 기쁨
자녀의 행복
자녀의 성공
부모의 자랑
가정의 행복
부모의 행복

하나님의 비전
교회의 비전

국가의 비전
인류의 소망

축복하라
기도하라
사랑하라
꿈을 주라

푸른 하늘
넓은 세상
맘껏 뛰게 하라
태평양을 뛰게 하라

하늘을 보게 하라
PC를 보게 하라
사람을 보게 하라
미래를 보게 하라

기도하게 하라
순종하게 하라
효도하게 하라

네 소원 이루리라
하나님의 빛이 되리라
인류의 희망이 되리라

어린이날 아침
모든 자녀를 위하여

_ 2017년 5월 5일 초원의 묵상

3. 이르시되 진실로 너희에게 이르노니 너희가 돌이켜 어린 아이
   들과 같이 되지 아니하면 결단코 천국에 들어가지 못하리라
4. 그러므로 누구든지 이 어린 아이와 같이 자기를 낮추는 사람
   이 천국에서 큰 자니라 _ 마태복음 18장 3-4절

어린아이들처럼

믿음은 내려 놓는것
믿음은 잊어 버리는 것
믿음은 자기를
감정과 소유도
슬픔도 웃음도
어린아이처럼
피부까지 고운
천사같은 마음
감정 소유
울음 웃음
아장 아장

엄마품으로 달려간다
어린아이처럼 되라
천국을 위하여
신앙의 기본이다

왜
오늘 교회는 싸우는가
무엇 때문에 깨지는가
교회 안에 원수
반목 질시
아수라장
어른들의
욕심 교만
미래 계산
주장 혈기
폭력 폭행
결코 천사는 아니다
천국은 아니다

어린아이처럼

되는 것이 신앙
머리를 비우라
마음을 비우라
미래를 비우라
천국의 마음
아이의 마음
엄마의 품에
평안의 행복
천국의 내용
신앙의 본질
어린아이처럼 되지 아니하면
천국에 들어가지 못한다

신앙의 목적
천국의 영광
내주의 성령
평화의 행복
어른된 교회
어른된 신앙
욕심의 정욕

자기의 만족

타락의 본질

잃어버린 천국

가득찬 욕심은

신앙의 실패

천국 상실

대로의 길로

만족의 길로

지옥으로 가는

자기를 망각하는

고집의 불행

교만의 불행을

마귀의 자식들

교회는 끌려가며

희희낙락 결과를 못보고

아 ~~

교회여

신자여

어린아이같이

바보의 길을 가라

천국은 어디 있나
하늘에 있나
교회에 있나
예배에 있나
성찬에 있나
천국은 이미 사라졌다
이기적인 인간의 집단
어른들의 사고에는 없다

어린아이처럼
깨끗한 마음이
네 안에서 천국이
천국에서 큰 자
세상에서 작은 자

어린아이처럼 되라
천국을 위하여
네 인생의 행복을 위하여

_ 2017년 11월 19일 초원의 묵상

어버이날

인간에만 있는
어버이날
해마다 돌아온다
하루라도 기억하라
부모님의 은혜를
평소에는
잊고 산다는 것인가
그렇다 힘겨운 삶에
그러나
잊을 수 없는 것이
어버이 은혜
부모는 자식에 대한 애착
생명이 끊어질 때까지
죽어서도 한이 되는 사랑
부모의 사랑이다

자녀는
이 사랑을 먹고
너무 당연하게
당당한 권리로
성장한다
이것이 부모의 행복이다

자녀들의 성공
자녀들의 행복
자신의 행복이 되어
늙어가는 인생도
모른 채 쏟아붓다가
병들고 죽어가면서도
다하지 못한 사랑
아쉬워한다

요양원에서

외롭게 말라 시들어가는 부모
일 년에 한 번 찾아와
꽃 달아주는 날
딸이 준 꽃 떨어질라
침대 머리에 고이 고이
쳐다보며 웃음짓는 부모 마음
자녀들이 알까

제 스스로 커서 공부해서
잘 사는 줄 알고
요양원에서 말라가는
부모가 짐이 되어
부담이 되어
언제 가시나

아니
그런 자녀는 없겠지

오늘도
요양원의 부모는

침상에 엎드려 기도한다
자녀 손주들을 위하여
눈에 그리면서~

_ 2018년 5월 8일 어버이날에

1. 아내들아 이와 같이 자기 남편에게 순종하라 이는 혹 말씀을 순종하지 않는 자라도 말로 말미암지 않고 그 아내의 행실로 말미암아 구원을 받게 하려 함이니
2. 너희의 두려워하며 정결한 행실을 봄이라
3. 너희의 단장은 머리를 꾸미고 금을 차고 아름다운 옷을 입는 외모로 하지 말고
4. 오직 마음에 숨은 사람을 온유하고 안정한 심령의 썩지 아니할 것으로 하라 이는 하나님 앞에 값진 것이니라

_ 베드로전서 3장 1–4절

부부의 아름다움

제2의 인생
새로운 출발
남녀의 만남
사랑의 만남
설렘의 가슴
결혼의 열매로
가정의 나무를
희망과 꿈으로 심었다

가꾸어야 한다
키워야 한다
사랑의 열매
꿈꾸는 희망
꽃을 피워야 한다
설레는 가슴으로
정원을 가꾸고
손을 잡고 웃음으로
사뿐히 걸어라
둘만의
사랑을 만드는 집에서

아내의 단장은
남편의 행복
사랑받는 비결
행실로 하라
순종으로 하라

마음에 숨은
온유 안정
긍휼 화평
위로 희망
고운 말씨
속에서부터
향기가 넘치게 하라
남편이 감동으로
사랑에 쏙 빠지게 하라
사랑의 샘을 사모하게 하라
아내된 자여
이것이 신앙이요
사랑이요
행복이요
인생 성공이라
가정 성공이라

남편들아
아내를 사랑하라
존경하라

그리워하라
만족하라
빠져라
머리에
아내의 사랑에 충만하라
경건과 함께
권위를 가지라
가정을 세우는 만큼
네 인생 행복
인생 성공이다

잘 자란 나무에
열매가 많이 맺는다

_ 2017년 9월 13일 초원의 묵상

✽ 삼일절의 소원

98주년 3. 1절을 맞으며

기미년 3월 1일
절규의 함성이
혼으로 대한제국을
오늘 되게 하였습니다

광화문이 아니었습니다
대한문이 아니었읍니다
한 맺힌 망국의 슬픔이었습니다
그리고
가져온
광복의 기쁨을
눈물로 통곡으로 다짐했습니다
그러나
피비린내 나는 6. 25 동족상쟁
망국의 슬픔이 가시기 전

왜 우리는
서로의 총부리에 불을 질렀나
너 죽고 나 살자고
결코 아니었는데
무슨 귀신이
우리의 넋을 빼갔나
그래서 우리는 싸웠다

굶주린 배를 부여잡고
땀을 흘리며
잠을 설쳐가며
황막한 산 언덕에
나무를 심었다
채용신 농촌운동
농로 내기
리어카 보내기
누이들은 머리를 자르고

쥐잡기 운동
산업화를 몰라도
소팔고 논팔아 대학 보내고
늙은 부모 행복했다

우리는이렇게 산업을 만들고
경제를 만들고 문명을 만들고
OECD 국가의 깃발을 들고
당당히 외쳤다
타골의 예언대로
동방의 기적을
인류의 횃불을 들고
진리를 선언하였다

그런데
모여드는 촛불이
휘날리는 태극기가

기미년의 3월 1일
봇물처럼 터져나온

태극기의 함성이
되어
대한독립이 되어지기를
98주년 3. 1절
원망과 미움이 변하여
하나되는 사랑으로
용서로 화합으로
대한민국 만세
대한민국 만세
저마다의 손에
하나의 태극기가 날려라
푸른하늘 높이
세계 만방에

_ 2017년 3월 1일 초원의 소원

✱ 광복절의 말씀밥상

1. 여호와께서 시온의 포로를 돌려 보내실 때에 우리는 꿈꾸는
   것 같았도다
2. 그 때에 우리 입에는 웃음이 가득하고 우리 혀에는 찬양이
   찼었도다 그 때에 뭇 나라 가운데에서 말하기를 여호와께서
   그들을 위하여 큰 일을 행하셨다 하였도다
3. 여호와께서 우리를 위하여 큰 일을 행하셨으니 우리는 기쁘
   도다
6. 울며 씨를 뿌리러 나가는 자는 반드시 기쁨으로 그 곡식 단
   을 가지고 돌아오리로다 _ 시편 126편 1-3, 6절

광복의 기쁨

꿈인가 생시인가
손에 손에
거리 거리
골목 골목
시골 동네
산마다 산마다
삼천리 방방곡곡

울며 울며 부르짖으며
대한독립 만세
대한독립 만세 !!!
그려진 태극기
손에 손에
홍수처럼
천지에 휩쓸던
민족의 한이여 !!

입에는 탄식과 부르짖음
눈에는 눈물과 웃음
그리고 그리던 자유여
광복이여 해방이여
이 일은 하나님이 하셨다
애국가를 눈물로 불렀다

오 주여 !

이 기쁨이 다시
남북한이 광복의 기쁨으로
돌아가게 하소서
72년 전의 광복으로
다시 남북이 하나되게 하소서

그 노래가
그 눈물이
그 외침이
그 원한이
하나되게 하소서

함께 애국가를
손에 손에
태극기를 들고

평양 대동강 백사장
서울의 한강공원
평양의 광장
서울의 광화문

노아 때처럼

새로운 하늘

새로운 땅

삼천리 금수강산

그 날이

72년이 되게 하소서

광복의 기쁨으로

하나되는 기적을 주소서 !!

_ 2017년 8월 15일 초원의 소원 (통일을 염원하며 눈물로)

내 심장이 멈추는 날

내 심장이 멈추는 날
나는 그냥 감사하리라
행복했다고 고백하리라
하나님이 주신 세상에서
마음껏 여행하였고
그러나
사랑을 다하지 못한
아쉬움이 있었노라고

자녀들에게
내 심장이 멈추는 날
부질없는 세상 일 때문에
눈물 흘리지 말라
지나가는 것들 일뿐이란다
하나님으로 더불어 즐겁게

네 인생을 아름다움으로 장식하라
세상이 너만을 위한 것이 아니기에

내 심장이 멈추는 날
나는 나를 세상에
돌려주고 가련다
필요한 곳에 필요에 따라
빚을 갚는 심정으로
그리고
없는 몸으로 가볍게
천국_{하늘}으로 가리라
처음부터 무에서 왔으니
없는 가운데 계신
하나님의 세계에서
영원히 하나님처럼
그렇게 영원히 …